菊本義治
西山博幸
伊藤国彦
藤原忠毅
齋藤立滋
山口雅生
友野哲彦
著

グローバル化経済の構図と矛盾

桜井書店

はしがき

　グローバリズムについて，モヤモヤとした感じを持っている人が多いのではないだろうか。それは，「グローバリズムは時代の流れで仕方ないかもしれないが，とはいえ，グローバリズムを受け入れることもできない」というものであろう。われわれもそのような気持をもち，2008年にグローバル経済学研究会（GE研）をつくった。研究が本書に結実するまでの道のりは決して短くなかった。

　研究会の当初の問題意識は次のようなものであった。すなわち，①文字通りのグローバル経済とは世界連邦ができたときの世界・地球経済である，②現在はそれへの過度期，グローバル化である，③現在のグローバル化経済はアメリカン・グローバリズムである，というものであった。そして，④アメリカン・グローバリズムとは何かについては，ぼんやりと，ヒト・モノ・カネがアメリカに集まるアメリカ覇権の経済，といった程度の認識であった。

　研究会ではアメリカを中心としたヒト・モノ・カネの世界的な流れの実証的研究，金融危機と世界同時不況，成長制約としての環境問題などに取り組んだ。多面的な研究ではあったが，実情はバラバラで，どこか芯に欠けるものだった。

　本書をいよいよ執筆しようという時期になって，ひとつのアイデアが生まれた。それは，アメリカン・グローバリズムとは，アメリカの貿易赤字を基礎にしてつくりだされた世界経済システムであるということである。貿易赤字とは，外国生産物を利用することである。詳しくは本文で述べるが，アメリカが自国通貨のドルによる決済で貿易赤字を持続しているのは現在の収奪システムといえよう。この視点が本書の縦糸である。この点は，これまであまり強調されてはこなかったが，別に珍しい議論ではない。「コロンブスの卵」といえよう。

　しかし，ここには分析すべき問題がある。第1に，アメリカの貿易赤字はドルが国際通貨であるということだけで持続できるのだろうか，第2に，アメリカ以外の国がアメリカに対して貿易黒字を続けるのはなぜか，第3に，貿易赤字は一方では他国からの収奪だが，貿易赤字を国内生産に切り替えれば，国内生産が増えて，国内企業は利益を得ることができるはずである。にもかかわらず貿易赤字を続けるのはなぜか，という問題である。

第1の問題は明白である。ドルが国際通貨だからといって，それだけで貿易赤字を続けることはできない。貿易黒字によって得たドルを売りにだせばドルの価値が下がってしまう。下がり続けるドルを誰も保有しようとはしない。貿易赤字は資本収支の黒字でまかなわれねばならないのである。問題の第2と第3は絡み合っている。それに答えるアイデアが利潤決定要因である。すなわち，国内の税引き利潤を決める主な要因は設備投資，財政赤字，貿易黒字，勤労者の貯蓄である。この視点が本書の横糸になっている。

　アメリカ以外の国は総じて貿易黒字であり，そのことによって利潤を増やしている。アメリカの貿易赤字構造に依存して現在の世界経済は成り立っているのである。

　アメリカはどうか。貿易赤字をやめて国内生産に切り替えれば国内利潤は増えるはずである。なぜ赤字を続けるのか。アメリカの主要な企業は多国籍企業であり，彼らは必ずしもアメリカだけで利潤を得る必要はない。世界に利潤追求の場を求めればよいのである。

　利潤決定要因のなかで最も大事なものは設備投資である。世界の設備投資に世界の利潤は依存している。設備投資は生産能力を高め経済を成長させる。高投資国は高成長国である。したがって，世界資本主義経済体制が成立するためには，高投資・高成長の国が必要である。これまでは高成長の新興国が次つぎと現れてきたが，今後も現れ続けるだろうか。世界的な成長が持続できるかどうか，その際，成長制約要因になる環境問題を解決できるかどうかが根本的な問題になる。

　利潤に関して本書は新しい視点を提起している。それはGDP生産，つまり実体経済から生み出される利潤に加えて，金融資産の運用による利益・利潤を重視した点である。現在，アメリカは金融立国であり，金融資産運用による利潤追求に活路を見出そうとしているのである。金融は実体経済に役立つべき資金循環であるが，その金融が自立し，自己運動し，暴走しだしたのである。この帰結が金融危機であり，世界同時不況であった。

　生産力が発展すると，企業活動は国境を越えていく。グローバル化は必然といえよう。現在のグローバル化はアメリカン・グローバリズムである。そこから矛盾が生じている。例えば，労働市場のグローバル化によって先進国勤労者

の労働条件は悪化している。多国籍企業誘致競争は法人税率の切下げ競争になっている。国や民族が持つ固有の文化や伝統はどうなるのか。

　グローバル経済には賛否両論があるだろう。また，実現できるかどうかも定かではない。仮にその方向に進んでいくとしても，その道は険しい。人類の試練は想像すら覚束ない。だが人類は，グローバル化から生じる問題を解決していかなければならない。現在の枠組みの中でも解決可能なものもあるが，いっそうのグローバル化を推し進めなければ解決できないもの，例えば環境問題がある。今後，人類は存続と幸せを求めて幾多の困難を乗り越えていくだろう。それを期待するしかない。

　本書は7人の共著であるが，それはバラバラの共著ではない。ちょっとだけ打ち合わせをして書いた論文の寄せ集めではない。研究会で徹底的に議論し，本書の執筆に際して問題意識や構成について議論し，統計データを教えあい・交換しあい，各章の内容や文章にまでも踏み込んで論じあい，何回も何回も書きかえた。大学人・研究者は一般にわがままで個性的である。よく喧嘩別れにならなかったものだ，と思っている。楽しい（しかし，実に厳しい）良い経験をしたと喜んでいる。私たちだけが喜んでいるのでは自己満足である。できる限り多くの人に本書を読んでいただき，忌憚ないご意見を聞かせていただければ幸いである。

　研究会には，田平正典さん（兵庫県立大学教授），黒坂真さん（大阪経済大学教授），林田秀樹さん（同志社大学准教授）に参加いただき，貴重な知識を提供していただいた。桜井香さんには出版・編集の労をとっていただいた。ここに感謝を申し上げる。

2010年11月
執筆者一同

目　次

はしがき　3

第1章　グローバル化経済分析の課題……………………菊本義治　15

1　経済のグローバル化………………………………………15
　グローバル経済と経済のグローバル化　15
　システムの三つの指標　16
　アメリカン・グローバリズム　17
　分析の課題　18

2　アメリカの貿易赤字………………………………………19

3　貿易赤字を持続できるか…………………………………21
　決済システム　21
　アメリカへの資金投入　24

4　世界を駆け巡る多国籍企業………………………………26

5　金融資本の暴走と金融危機………………………………27

6　高成長国の存在……………………………………………28

7　財政赤字による利潤維持の限界…………………………30
　財政赤字の限界　30
　法人税率引下げの是非　30

8　国際的な労働市場…………………………………………31

9　成長制約要因としての環境問題…………………………32

補論1　利潤の決定…………………………………………33

補論2　剰余と余剰…………………………………………34

第2章　経済のグローバル化とアメリカの貿易赤字……西山博幸　37

1　国際分業体制の変化………………………………………37
　1.1　地域別の貿易動向　37
　1.2　国別の貿易動向　39
　1.3　世界の経常収支不均衡　41

2　アメリカの貿易赤字……………………………………………45
　　2.1　アメリカ経常収支の動向　45
　　2.2　戦後の国際経済秩序と経常収支赤字　46
　　2.3　ISバランスとアメリカの貿易赤字　47
3　アメリカの貿易収支はなぜ赤字になるのか？……………………51
　　3.1　世界利潤　51
　　3.2　アメリカの貿易赤字が恒常化した理由　52
補論　19世紀の自由貿易体制……………………………………54

第3章　アメリカの赤字ファイナンスと金融グローバル化……………………伊藤国彦　57

1　国際通貨提供国としてのアメリカ………………………………57
　　1.1　国際通貨とは何か　57
　　1.2　国際通貨提供国の役割　59
2　貿易赤字のファイナンス……………………………………60
　　2.1　非国際通貨国のファイナンス　61
　　2.2　アメリカのファイナンス　62
　　2.3　外国からの投資が不可欠なアメリカ　63
3　アメリカを軸とする国際資本移動の実態……………………64
　　3.1　1970～1980年代の国際資本移動　64
　　3.2　1990年代以降の収支でみた特徴　65
　　3.3　1990年代以降のグロス取引の増大　67
　　3.4　アメリカに資金を環流させる国・地域　68
4　アメリカに環流する理由……………………………………70
　　4.1　相対的な金利格差の維持　70
　　4.2　ドル価値の安定化とドル高政策　72
　　4.3　金融業における絶対的な国際競争力の維持　73

第4章　企業の多国籍化とグローバリゼーション………西山博幸　75

1　多国籍企業と直接投資……………………………………75
　　1.1　多国籍企業とは　75
　　1.2　直接投資の定義と性質　80
2　直接投資の動向と経済効果………………………………81

2.1　世界の直接投資動向　81
　　2.2　直接投資の経済効果　85
　3　世界利潤とアメリカの多国籍企業……………………………………88
　　3.1　アメリカ企業の直接投資　88
　　3.2　世界利潤の拡大要因　92
　　3.3　多国籍企業の役割　94

第5章　金融による利潤追求とグローバル化……………伊藤国彦 97

　1　アメリカン・世界金融システム………………………………………97
　　1.1　世界の金融仲介国としてのアメリカ　97
　　1.2　国際的金融仲介からの利益　98
　　1.3　グローバル金融ネットワークの形成　100
　2　肥大化する金融………………………………………………………102
　3　経済の金融化…………………………………………………………103
　　3.1　金融資本の利益（利潤）の源泉　104
　　3.2　金融資本の自立化と多様化　105
　　3.3　世界経済の金融化　107
　4　金融の暴走……………………………………………………………109
　　4.1　金融の暴走の個別事例　109
　　4.2　アメリカの住宅バブル　111
　　4.3　グローバル金融危機　113
　　4.4　世界同時不況　114

第6章　経済のグローバル化と世界利潤………………藤原忠毅 117

　1　世界利潤をどのように増やすのか？…………………………………117
　　1.1　世界利潤についての再考　117
　　1.2　世界には成長国の存在が不可欠である　118
　2　経済成長の推移とその要因…………………………………………120
　　2.1　NAFTAの経済成長率の推移　120
　　2.2　日本の経済成長率の推移　121
　　2.3　NIESの経済成長率の推移　123
　　2.4　ASEANの経済成長率の推移　125
　　2.5　NIESからASEANへ　127
　　2.6　中国・インドの経済成長率の推移　128

3　世界の成長国・地域 ……………………………………………………………131
　3.1　世界の成長国・地域の変遷　131
　3.2　成長国の世界経済に対する影響力　132
補論　貿易乗数効果の波及プロセス ………………………………………………135

第7章　グローバル化と財政への影響　齋藤立滋　139

1　財政赤字の限界とその経済的帰結 …………………………………………139
　1.1　財政赤字とその実態　139
　1.2　財政赤字の弊害　141
　1.3　政府の赤字と国(国家)の赤字　141
　1.4　アメリカの財政赤字の持続可能性　144

2　法人税率引下げの経済的帰結 ………………………………………………144
　2.1　法人所得課税の実効税率　144
　2.2　企業へのその他の課税の国際比較　145
　2.3　法人の税負担率　146
　2.4　法人税率低下の経済的帰結　147

3　財政支出削減の影響 …………………………………………………………148

第8章　経済のグローバル化と労働市場　山口雅生　153

1　利潤と家計貯蓄 ………………………………………………………………153
2　グローバル化と先進国の労働市場 …………………………………………154
3　グローバル化と途上国の賃金 ………………………………………………162
4　労働政策 ………………………………………………………………………164
補論　計量モデルに用いたデータと固定効果モデル ……………………………169

第9章　経済のグローバル化と環境問題　友野哲彦　171

1　成長制約としての環境問題 …………………………………………………171
　1.1　先行仮説　171
　1.2　利潤決定要因と経済成長　173
　1.3　成長の上限とその緩和　173

2　地球温暖化の現状と将来予測 ………………………………………………175
　2.1　汚染状況　175
　2.2　原因物質　177

      2.3 将来予測 179
   3 グローバルな協調の必要性と困難……………………………………179
      3.1 国際的取組みの経緯 179
      3.2 京都議定書 181
      3.3 利害対立 182
      3.4 市場メカニズムで解決できるか 184
   4 技術進歩と経済成長………………………………………………………187
      4.1 環境技術とGDPのシミュレーション分析 187
      4.2 環境技術の現状と未来 189
      4.3 環境が成長戦略になる 190
   5 環境問題の解決に向けて………………………………………………191

終　章　アメリカン・グローバリズムの展開……………　菊本義治　193

   1 アメリカン・グローバリズムの矛盾……………………………………193
      揺らぐドルの信認と金融の暴走 193
      アメリカ経済の脆弱性 194
      貧困問題 195
      企業と国家，国家間の矛盾 196
      成長は可能か 197
      人類の存続問題 197
   2 グローバル化と日本………………………………………………………198
      長期不況 198
      格差拡大と貧困化 198
      安全・安心の経済社会 199
   3 平等互恵，平和，人類存続のグローバリズム………………………201
      ドルに代わる基軸通貨はあるか 201
      貧困と格差拡大をなくせるか 202
      国や民族が持つ固有の文化・歴史・慣習はどうなるか 202
      人類存続の課題を解決できるか 203

索引　205

グローバル化経済の構図と矛盾

第1章　グローバル化経済分析の課題

　経済が発展し各国の相互連関が強まると，企業や家計などの経済主体者の行動は国境を越えて世界的になる。地球・世界経済の一体化が進んでいくのである。すなわち，経済のグローバリゼーションである。

　この章では，グローバル経済とは何かをはっきりさせる中で本書の基本的なアイデアを述べる。すなわち，現在のグローバル化がアメリカン・グローバリズムであること，それはアメリカの貿易赤字という形での世界収奪体制と，他国のアメリカへの輸出依存によって成り立っていることを述べる。

　この章において，次章以降の論点と概略が述べられる。これは検討課題の提起であり，次章以降において詳しく分析・論証される。

1　経済のグローバル化

グローバル経済と経済のグローバル化

　グローバル経済とは，文字通りに解釈すれば，地球経済であり，地球的に統一された経済システムのことである。地球連邦政府と地球中央銀行が成立し，地球貨幣が供給され，財政システムが一本化され，地球的視点から経済政策が実行されるのである。これがグローバル経済である。そこでは国家が消滅しているのである[1]。

　現在の世界経済はまだ文字通りのグローバル経済に達していない。国家が存続し，各国はそれぞれの政策を実行している。現在はグローバル経済への過渡期，すなわち，経済のグローバル化である。

　グローバル化には二つの側面がある。まず，経済力（生産力）発展の側面であり，経済が発展するにともなって，経済活動が空間的に拡大されていく側面

---

1)　現在の国家は連邦政府の中で自主権を認められた「州」ないしは「カントリー」になり，独自の文化・伝統・慣習は尊重されるであろう。

である。例えば1980年の貿易総額（輸出と輸入の合計）は約4.7兆ドルであったが，2007年には34.4兆ドルになっている（7.3倍）。

　もう一つは経済システムとしての側面（生産関係）である。経済の空間的発展にともなって，経済システムも変化していくのである。

システムの三つの指標

　現在のグローバル化をシステムの面からみると，(1)市場経済化，(2)企業の多国籍化，(3)経済の金融化に特徴がある。

（1）1989年，ソビエト連邦が崩壊した。また，1992年，鄧小平の「南巡講話」以降，中国経済の市場化が急速に進展した。このように，これまで社会主義を標榜してきた国ぐにを含めて，経済の市場化が世界を支配しているのである。

（2）企業の多国籍化が進展している。企業活動が巨大化すれば，企業活動の空間領域は拡大していく。特定の地域や国に制約されることなく世界を舞台に企業活動が展開されるようになる。これを可能にしたのは交通・情報通信技術の発達であった。

　日本の場合，まず資源や低賃金労働の確保を目的として多国籍展開をおこなった。さらに，販路の確保を目標にして多国籍化している。大きな市場への進出をめざすのである。例えば，日本の自動車会社がアメリカに進出し，アメリカの自動車会社が日本に進出する場合である。

　また，日本の多国籍化は円高を契機に進展した。その第1の理由は，円高になると輸出が困難になるので，外国生産・外国販売に切り替えるためである。第2に，円高の場合，ドルを円に替えるならば為替差損が生じるので，ドルをドルとして使うことが有利になる。したがって，アメリカやアジアなどのドルの通用する国に企業を立地し，企業活動をおこなうことになる。

（3）資金は世界を駆けまわっている。『通商白書』（2008年度版）によると，世界の金融資産は2006年現在で167兆ドルであり，その対世界名目GDP比は3.5倍になっている。これほどまでの金融資産の増加は，1971年の金とドルの交換停止以降，恒常化したアメリカの経常収支や貿易収支の赤字に原因がある。アメリカは経常収支（貿易収支）の赤字を決済するために世界から資金を調達した。それどころか，経常収支赤字以上の資金を世界から調達し，それを世界

表1.1　世界のGDP　　　　　　　　　　　　　　　　（個別国は％，世界GDPは兆ドル）

	1980	1985	1990	1995	2000	2005	2006	2007	2008	2009
中国	1.7	2.5	1.6	2.5	3.7	4.9	5.5	6.3	7.4	8.6
フランス	6.3	4.4	5.7	5.3	4.1	4.7	4.6	4.7	4.7	4.6
ドイツ	8.4	5.7	7.8	8.5	5.9	6.1	5.9	6.0	6.0	5.7
イタリア	4.2	3.5	5.2	3.8	3.4	3.9	3.8	3.8	3.7	3.6
日本	9.6	10.8	13.8	17.7	14.6	10.0	8.8	7.9	8.0	8.7
イギリス	4.9	3.7	4.6	3.9	4.6	5.0	4.9	5.0	4.3	3.7
アメリカ	25.3	33.7	26.4	24.8	30.5	27.6	27.0	25.1	23.4	24.5
世界GDP	11.0	12.4	21.8	29.6	32.0	45.6	49.4	55.7	61.3	58.2

出所：世界銀行データ http://data.worldbank.org/

表1.2　世界の貿易総額　　　　　（輸出額＋輸入額，個別国は％，世界貿易総額は兆ドル）

	1980	1985	1990	1995	2000	2005	2006	2007
中国	0.9	1.6	1.4	2.5	3.3	6.0	6.4	6.9
フランス	6.5	5.5	6.2	5.4	4.7	4.4	4.2	4.1
ドイツ	8.8	7.8	9.7	9.3	7.9	8.3	8.3	8.4
イタリア	4.4	4.1	4.9	4.2	3.6	3.6	3.5	3.6
日本	6.3	7.3	6.9	6.9	6.0	4.8	4.5	4.3
イギリス	6.0	5.5	5.8	5.1	5.3	4.9	4.9	4.6
アメリカ	12.2	15.3	13.4	13.4	16.1	12.8	12.5	11.7
世界貿易総額	4.7	4.7	8.8	12.8	16.0	26.0	29.8	34.4

出所：世界銀行データ http://data.worldbank.org/

的に運用して収益を獲得しようとした。資金運用によって収益を得るという行動はアメリカだけではなく世界に共通するようになったのである。

アメリカン・グローバリズム

　現在のグローバル化はシステムとして三つの特徴をもつが，それはアメリカン・グローバリズムとよばれている。
　第1に，アメリカを中心としたヒト，モノ，カネ，情報の世界的連関が築き上げられているからであり，その背景にはアメリカの圧倒的な経済力がある（表1.1，表1.2）。
　第2に，取引の際のルールの問題である。グローバル化にともない取引や交流は世界的なものになる。その際，共通のルールや尺度があれば取引や交流は

スムーズにおこなわれるが，世界には多数の国が存在し，それぞれに独自の歴史・文化・制度・慣習があり，それを一体化することは困難である。そこで，現在では主にアメリカのやり方が採用されている。すなわち，現在の覇権国であるアメリカのルールが主に使われているのである。アメリカン・スタンダードにもとづいて取引や交流がおこなわれているのである。

　第3に，アメリカを中心とした世界の経済構造が成立している。それは，アメリカが巨額の貿易赤字国になり，他国が総じて貿易黒字になるという構図である。アメリカは財やサービスを貿易赤字という形で吸い上げ，他国は財やサービスを輸出することで利潤・生産を増やしているのである。2006年のアメリカの貿易収支赤字は7600億ドル，経常収支赤字は8040億ドルであった。

分析の課題

　現在のグローバリズムがアメリカン・グローバリズムであり，それはアメリカの貿易赤字を基軸にした世界経済体制であるという観点から，次の点が分析の課題になり，次章以降で検討される。

　第1に，世界の貿易構造を分析する中でアメリカの貿易赤字の実態と，その意味を明らかにする。そして，貿易赤字を決済するメカニズム，すなわち，ドルの国際通貨としての特権，資本収支黒字による決済，世界の資金のアメリカへの投入を分析する（第2，3章）。

　第2に，現在の多国籍企業の特徴を明らかにし，その行動と世界経済への影響を分析する（第4章）。

　第3に，金融経済の自立的運動の実態と，資産運用による利潤（キャピタル・ゲインをベースにした利潤），そして金融の暴走について分析する（第5章）。

　第4に，世界利潤（付加価値をベースにした利潤）を決定する要因が設備投資，財政赤字，勤労者貯蓄にあることを明らかにし，それぞれを分析する（第6，7，8章）[2]。特に世界に高成長国がなければ世界資本主義体制は成立しないことを述べる。

　第5に，成長を制約する要因として，環境問題や資源問題などが考えられる。

---

[2] 家計の大多数は勤労者であるから，勤労者貯蓄を家計貯蓄と同じとみなす。

本書では環境問題をとりあげる（第9章）。

第6に，経済のグローバル化がもたらす諸問題を述べて，その解決の方途を展望する（終章）。

2 アメリカの貿易赤字

アメリカが貿易赤字になることによって，他の国ぐにには総計して貿易黒字になる。そのことによって，利潤が増え，生産と雇用が増えるのである。現在の世界体制はアメリカへの貿易黒字によって成り立っている。この点を利潤決定式から確かめてみよう。

税引き国内利潤は次式によって表される[3]。すなわち，

　　税引き国内利潤＝資本家消費＋民間投資＋財政赤字＋貿易黒字
　　　　　　　　　　－勤労者貯蓄　　(1.1)

である。資本家消費を捨象すれば，(1.1) 式は，

　　税引き国内利潤＝民間投資＋財政赤字＋貿易黒字－勤労者貯蓄　(1.2)

となる。また，生産要素（資本と労働）の対外純所得（外国からの受取－外国への支払い）を税引き国内利潤に加えると，税引き国民利潤となる[4]。

　　税引き国民利潤＝資本家消費＋民間投資＋財政赤字＋貿易黒字
　　　　　　　　　　－勤労者貯蓄＋外国からの純要素所得　(1.3)

(1.1)式のうち，投資と財政赤字と貿易黒字を足したものが国内民間貯蓄である。これは総生産（GDP）から消費と税支払いを引いたものであり，経済余剰とよぶことができる。この経済余剰が資本家貯蓄（利潤から資本家消費を引いた残りであり，企業貯蓄でもある）と勤労者貯蓄にわけられるのである。

一般に，経済余剰（国内民間貯蓄）が増えると，利潤は増える。すなわち，投資が増えると，財政赤字が増えると，貿易黒字が増えると，利潤が増えるのである。また，勤労者貯蓄が低下すると，利潤が増えるのである。

(1.1)式からわかるように，貿易黒字国は一般的に利潤が増えるのである。

---

[3] 資本減耗（減価償却費）を含んだ粗利潤である。
[4] （貿易黒字＋生産要素の対外純所得）は経常収支に近似できる。

資本制経済においては，生産決定権は資本家が握っている。資本家は利潤追求を目的にして生産活動をおこなっているのであるから，利潤が増えると，生産と雇用は増えるのである。

　アメリカ以外の国はアメリカの貿易赤字によって利潤を増やすことができる。しかし，アメリカは貿易赤字によって利潤を低下させている。この事態をアメリカは満足できるのであろうか。

　輸入とは外国で生産されたものを自国が使うことである。輸出とは自国で生産したものを外国が使うことである。経済活動の目的が財やサービスの消費（投資を含む）にあるのならば，貿易赤字が有利になる。貿易赤字を持続することができれば，自国の生産以上のものを消費し続けることができるからである。つまり，働かずして財やサービスを調達できるのである。

　他国の財やサービスを手に入れるためには代価（外貨，ドル）を支払わねばならない。外貨を獲得するためには，輸出が必要になる。したがって，貿易は長期的には均衡せざるをえないのである。ところが，アメリカはドルが国際通貨であるという特権を基本にして貿易赤字を恒常的に持続している。

　財やサービスを対価なしに得ることを収奪という。現在，暴力で他国を収奪することは国際的に認められていない。アメリカは自国通貨の支払いで貿易赤字を持続している。つまり，他国の労働成果を手に入れ続けている。これは，アメリカが他国を収奪していることに通じるのである。アメリカはアメリカの通貨であるドルを支払うことで収奪を続けているのであるが，ドル支払いが累積すれば，ドルの信認が失われる危険性がある。これを是正するためには，後述するように外国からの資本流入，つまり資本収支の黒字が不可欠になる。

　世界からの収奪によって，アメリカは旺盛な国内需要を充足している。国内供給以上の需要を満たしているのである。通常，どの国も家計部門は資金余剰（黒字）部門であるが，アメリカの家計部門は1999年度以降，しばしば大幅な資金不足（赤字）部門になっている（『経済財政白書』平成21年度版）。また，巨額の軍事費を出費し兵站線を確保している。これを支えているものはアメリカの貿易赤字，世界からの収奪であった。

　アメリカの企業にとってはどうか。もしアメリカが貿易赤字を是正し国内生産を増やすならば，アメリカの国内利潤は増え，生産と雇用は増えていたはず

である。貿易赤字はアメリカ国民に収入以上の生活を一時的に可能にしたが，それは失業という代償を払ってのことであった。

　アメリカの主要な企業は多国籍企業であり，アメリカ国内だけで利潤を獲得する必要はない。世界のどこで利潤を得てもよいのである。アメリカ系多国籍企業は高利潤国へ生産をシフトさせ，利潤を獲得すればよいのである。アメリカ系多国籍企業は必ずしも母国（本籍地）アメリカの貿易赤字に拘泥していない。しかし，アメリカから脱出することのできない企業は低利潤に陥らざるをえない。この結果，アメリカは高失業率に悩むことになる。

3　貿易赤字を持続できるか

決済システム

　アメリカ以外の国は，貿易赤字に対して外貨（ドル）を支払わなければならない。外貨を獲得するためには，貿易を黒字にしなければならない。結局，一時的には貿易赤字はありえても，長期的には均衡せざるをえない。したがって，長期にわたって，貿易赤字を続けることはできない。ところが，アメリカは貿易赤字を持続している（表1.3）。なぜ可能なのか。

　自国通貨ドルが国際通貨であるから，アメリカは貿易赤字をドルで支払うことができる。貿易赤字が累積していっても，これに応じてドルで支払い続ければよいと，一見，思われる。はたしてそうであろうか。

　貿易黒字によってドルを獲得した企業は，自国ではドルは通用しないので，自国において企業活動をおこなうためには，ドルを自国通貨（例えば円）に替えなければならない。ドルを円に替えることはドル売り・円買いであり，ドル価値は下がることになる。アメリカの貿易赤字が累積すると，ドルが売られ続けドルの価値が下がり続けることになる。価値が下がり続けるドルをどこの国も受け入れなくなる。そうなれば，ドルは国際的信認を失い，ドルを基軸とした国際通貨体制は崩壊せざるをえない。

　アメリカが貿易赤字を続けるためには，ドル支払いだけでは不十分である。貿易赤字を資本収支黒字でまかなわなければならない。これは国際収支からわかる。すなわち，誤差脱漏を捨象すれば，国際収支は，

表 1.3 アメリカの国際収支表

	1980〜84平均	1985〜89平均	1990〜94平均	1995	1996	1997	1998
経常収支	−26	−129	−67	−114	−125	−141	−215
財サービス貿易収支	−45	−124	−64	−96	−104	−108	−166
所得収支	34	19	24	21	22	13	4
経常移転収支	−15	−24	−27	−38	−43	−45	−53
資本収支	7	119	78	93	128	220	74
民間資本収支	5	93	36	−16	2	201	94
直接投資収支	5	19	−20	−41	−5	1	36
対外直接投資	−12	−29	−57	−99	−92	−105	−143
対米直接投資	18	48	38	58	87	106	179
証券投資収支	11	50	−3	46	101	175	55
対外証券投資	−6	−9	−67	−122	−149	−117	−130
対米証券投資	19	63	79	178	264	314	199
米国債	9	13	22	92	147	130	29
株式・社債	8	46	41	77	103	161	156
米通貨	3	3	16	9	14	22	14
銀行貸借収支	−16	21	41	−45	−75	8	4
対外貸付	−57	−43	12	−75	−92	−141	−36
対外借入	41	64	29	30	16	149	40
ノンバンク貸借収支	2	0	3	14	−33	−5	−15
対外貸付	−2	−18	−11	−45	−86	−122	−38
対外借入	4	17	13	60	54	117	23
政府資本収支	2	26	41	109	126	19	−20
米政府対外資産	−5	0	1	−1	−1	0	0
外国公的米資産	7	26	41	110	127	19	−20
米外貨準備増減	−5	−5	2	−10	7	−1	−7
誤差脱漏	24	15	−10	32	−9	−77	149

出所：アメリカ商務省2010年3月18日公表データより伊藤国彦が作成。
注：2009年は推計値。

　　　経常収支＋資本収支＋外貨準備増減＝0

となる。外貨準備が増える場合，マイナス表示される。

　表1.3からわかるように，経常収支を決める主要因は貿易収支なので，ここでは経常収支の動きを貿易収支の動きと同一視しよう[5]。

---

5) 現在，日本では貿易収支黒字よりも所得収支黒字のほうが大きくなっている。

(単位：10億ドル)

1999	2000	2001	2002	2003	2004	2005	2006	2007	2008	2009
−302	−417	−398	−459	−522	−631	−749	−804	−727	−706	−420
−265	−380	−366	−422	−495	−610	−715	−760	−701	−696	−379
14	21	32	27	45	67	72	48	91	118	89
−50	−59	−64	−65	−72	−88	−106	−91	−116	−128	−130
229	478	405	504	531	530	687	777	657	539	250
183	436	378	388	253	130	422	284	199	581	−739
65	162	25	−70	−86	−170	76	−2	−123	−12	−69
−225	−159	−142	−154	−150	−316	−36	−245	−399	−332	−221
289	321	167	84	64	146	113	243	276	320	152
132	262	289	335	165	305	331	260	306	131	−191
−122	−128	−91	−49	−147	−171	−251	−365	−367	61	−222
279	387	403	403	323	488	591	627	662	99	44
−44	−70	−14	100	91	94	132	−58	67	197	38
299	460	394	283	221	381	450	683	606	−127	−7
24	−3	24	19	11	13	8	2	−11	29	13
−16	−16	−17	58	84	−31	7	−40	−135	107	−655
−71	−133	−136	−38	−13	−366	−208	−502	−644	433	−420
54	117	118	96	97	335	215	462	509	−327	−235
−21	32	58	46	78	13	−2	63	161	327	163
−98	−139	−9	−50	−18	−153	−71	−181	−41	372	136
76	171	66	96	97	166	70	245	202	−45	27
46	42	28	116	279	399	265	493	459	−43	989
3	−1	0	0	1	2	6	5	−22	−530	542
44	43	28	116	278	398	259	488	481	487	448
9	0	−5	−4	2	3	14	2	0	−5	−52
68	−59	−14	−10	−8	97	37	−2	65	200	225

　アメリカが経常収支（貿易収支）の赤字を決済するためには，資本収支を黒字にしなければならない。アメリカが資本収支を黒字にするためには，アメリカの対外金融資産を減らすか，外国からの対外金融負債を増やすしかない。すなわち，外国から資金を導入せざるをえないのである。これが持続できないと，アメリカの貿易赤字を基軸とする世界経済体制，アメリカン・グローバリズムは崩壊するのである。

アメリカへの資金投入

　貿易黒字国がアメリカに投資しなければ現在の世界経済システムは崩壊する。それでは，なぜ貿易黒字国はアメリカに投資するのか。それは，投資しないと共倒れになるという一蓮托生だけではない。アメリカに投資することによって利益を得ることができるからである。どのような利益があるのか。

　第1に高金利である。アメリカが外国から資金を導入するためには，高金利を維持しなくてはならない。高金利とは，必ずしも絶対的な大きさを意味するのではない。相対的なものである。世界の資金供与国の日本の金利よりも高くすればよいのである。アメリカが絶対的に金利を引き上げると，景気に対して悪影響を与える。そこで，日本の金利を引き下げ，アメリカよりも低くすればよいのである。日本のゼロ金利政策の目的の一つはこの点にある[6]。

　第2に，金利が高くても為替リスクが高ければ，誰もアメリカに投資をしない。ドル資産を保有しない。したがって，為替レートを安定的に維持することが必要になる。しかし，資金導入のためにドル高にすれば，貿易赤字はいっそう拡大し，その決済のためにいっそうの資本導入が必要になり，ドル高がいっそう進むことになる。貿易赤字とドル高の悪循環が生じるのである。

　第3に，アメリカの金融市場が高収益の新しい金融商品を提供し続けることである。アメリカにマネーゲームの達人たちが集まり，投資家にとって魅力的な新しい金融商品を開発し続けている。例えばヘッジファンドとデリバティブである。もともと，ヘッジとはリスク回避手法である。為替や金利やその他諸価格の変動から生じるリスクを回避するために開発されたものであるが，それを逆手にとって，高収益を得る方法に転じさせたのである。このようにアメリカへの投資が高収益をもたらすことが大事である。

　アメリカへの資金投入の実態は，図1.1のようである。この図からわかるように，世界の資金はアメリカに流れるようになっている。その第1のチャンネルは中国や日本を経由するものである。中国は経常収支も資本収支も黒字であり，獲得した資金によってアメリカの国債を大量に購入している。日本は直接にアメリカの国債を購入するとともに，中国に資本を輸出し，間接的にアメリ

　6）　低金利は国債費を引き下げる効果をもっている。

第1章 グローバル化経済分析の課題 25

図 1.1 世界の資金循環（2005年）

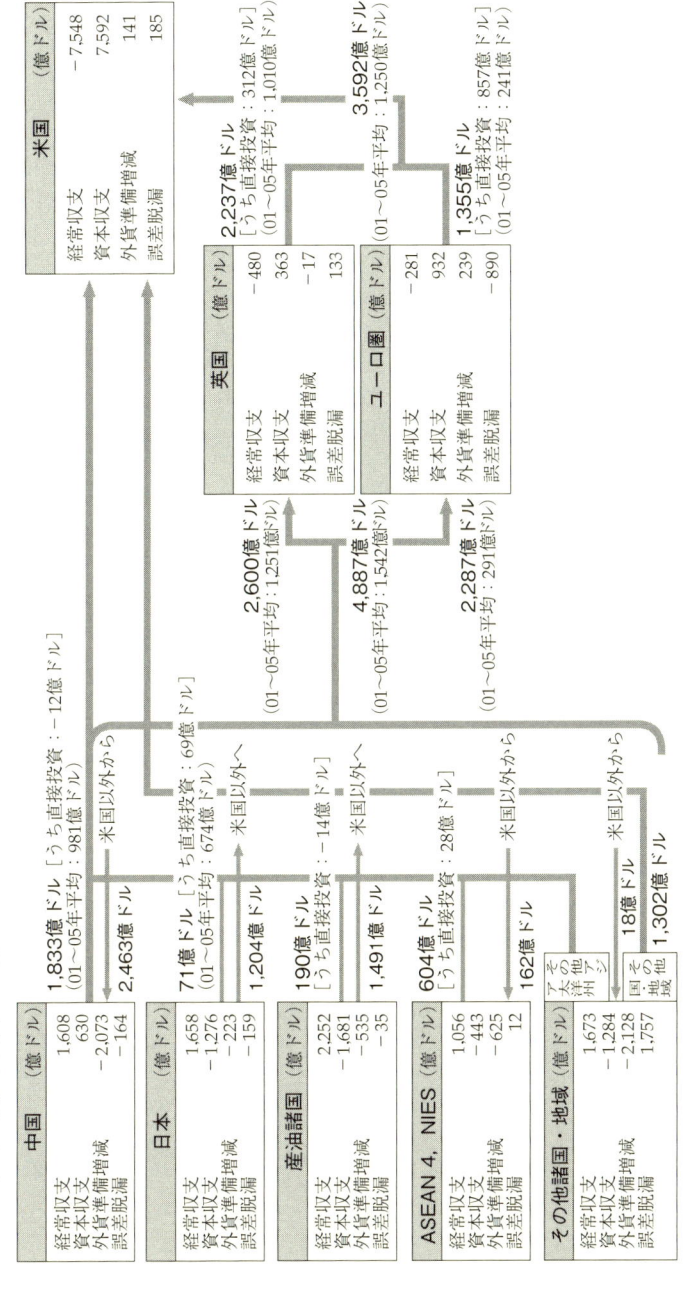

出所：経済産業省『通商白書』2007年版。

カに投資をしている。第2に，オイル・マネーである。それは直接アメリカに流れるだけではなく，ユーロ市場やロンドン市場に投資され，それがアメリカに流れていくのである。中近東においては，もともとヨーロッパとのかかわりが深かったことに加えて，現在では反米的潮流が強まっている事情がある。さらに，最近の経済状況を反映して東アジア諸国からの対アメリカ投資が増えている。

4　世界を駆け巡る多国籍企業

　単に複数の国で活動する企業ならば古くから存在していた。現在の多国籍企業の特徴は，複数の国にまたがって生産・販売活動をおこなうだけではない。多国籍企業は，企業活動の一連の工程，すなわち，資金調達→生産（労働，資源・原料，技術，生産管理など）→販売→資金回収（配当，内部留保）・税支払いという企業内分業を世界的に展開しているのである。つまり，調達コストが安く資金豊富なところで資金を調達し，低賃金労働を利用し，資源豊富な地域で資源を確保し，環境などの生産制約の少ないところで生産し，科学技術の先進国に研究所を設置し，大きな市場をもつ国や地域で販売をおこない，税率が低いところに本社をおこうとしているのである。このように，企業内分業を世界的に展開しているのが多国籍企業であり，主な多国籍企業は巨大企業である。

　多国籍企業は利潤獲得の場を母国に限るのではなく，世界に利潤を求めて行動している。第二次世界大戦以前においても，企業は外国に進出し利潤を獲得した。投資受入国（例えば中国）は，この企業進出に対して帝国主義侵略だとして反発した。ところが現在，中国を含めて多くの国は先進国からの資本流入を歓迎している。対外投資には配当や利子を目的とする証券投資と外国企業の経営権を獲得することを目的とする直接投資とがある。証券投資の変動は激しく不安定なので，これを受け入れることには躊躇するが，経営権支配を目的とする直接投資は安定的なので，これを歓迎する傾向がある。つまり，多国籍企業の受け入れに積極的である。

　戦前と戦後において，なぜ違いが生まれたのか。戦前においては，企業の利益を代弁・擁護する国家が外国に進出し，相手国の政治経済的独立を踏みにじり植民地化しようとした。これが外国資本の進出に反対した理由であった。

さらに，外国で獲得した利潤は基本的に本国に送還された。外国投資による収益の使い方は，本国に存在する本社（日本の場合，財閥・本家）の決定のもとにおかれていた。したがって，外国企業の投資が受入国の経済発展に寄与するとは限らなかった。

　ところが，戦後の場合，国家が植民地的支配をおこなうのではなく，多国籍企業が進出する。そして，外国で得た利潤は必ずしも本国送還されない。投資先国に再投資されるケースが多い。したがって，多国籍企業の対外投資は受入国の経済発展に寄与するケースが多いのである。ここが基本的に違っているところである。

　しかし，多国籍企業はいつも受入国の経済発展に寄与するわけではない。多国籍企業と投資受入国の利害が一致しない場合がある。また，利潤を受入国に再投資するのは，高利潤を得ることができるからであって，他に有利な地域があれば，そこに投資をシフトするのである。

5　金融資本の暴走と金融危機

　アメリカに投資された世界の資金は，アメリカの貿易赤字を決済するだけではない。その資金は高収益を求めて，世界を駆け巡る。為替市場や株式市場やその他市場の収益差を求めて休むことなく運用され，高収益を上げている。新しい魅力的な金融商品が次つぎに売り出され，投資家は金融資産への投資によって手っ取り早く利益を上げようとしている[7]。

　金融とは，もともと経済循環を円滑におこなうための資金融通であった。その意味で金融は実体経済を下支えするものであった。ところが，事態が大きく変わった。アメリカン・グローバリズムの進展とともに，金融が一人歩きし，遂には暴走しだしたのである。

　サブプライムローン問題をきっかけにした国際的な金融危機が2007年に生じたが，これは金融の暴走の一例である。

　7）　資産運用による利益は，主としてキャピタル・ゲインにもとづくものであり，それは原則として GDP には入らない。いわば帳面上の架空の利益であるが，実体経済における財・サービスに対する請求権はもっている。

金融危機の第1の原因はバブルにある。すなわち，投機によって原油価格や穀物価格や住宅価格が高騰し，それを背景にして，銀行は住宅を担保にして低所得者に貸付をおこなったが，住宅価格の伸びが鈍化し，さらに低下したことによって低所得者は返済ができなくなった。しかも抵当物件は値崩れしたのである。

第2に，銀行などはローンを証券化して，それを販売することで貸付金回収のリスクを避けようとしたが，債務者が利子や元金を支払えなくなり証券価格は下落した。その影響でリーマン・ブラザーズ，ベア・スターンズなどの投資銀行が破綻したのである。

金融危機は世界同時不況をもたらした。金融危機によってアメリカの景気が悪化し，アメリカの輸入が減り，他国は輸出低下による景気悪化となったのである。現在のグローバル化はアメリカの貿易赤字を基礎にしている。他国は対アメリカ輸出によって景気を支えているのである。この構造のもろさを白昼にさらけだしたのが2007年の世界同時不況であった。

6　高成長国の存在

資本制経済は利潤追求を目的としたシステムである。したがって，高利潤をいかに維持するかが重要な課題となる。

一国における利潤は(1.2)式によって表された。世界全体の利潤は，

　　税引き世界利潤＝投資の世界総計＋財政赤字の世界総計

　　　　　　　　　　　　　　　－勤労者貯蓄の世界総計　　（1.4）

となる。

貿易収支の世界総計はゼロであることに注意する必要がある。貿易黒字や貿易赤字は貿易による利潤の配分問題なのである。貿易黒字国は利潤を増やし，貿易赤字国は利潤を減らす。貿易赤字と貿易黒字は相殺されるのである[8]。

利潤決定要因の中で最も重要なものは投資（資本蓄積）である（表1.4）。投資は次期以降の生産能力を高め，経済成長をもたらす。高投資は高成長なので

---

8)　貿易黒字は利潤を増やし，それによって投資を増やすという利潤増大の間接効果を持っている。

表 1.4　戦後日本経済の利潤率と規定要因の動向　　　　　　　　　　（単位：％）

年	企業利潤率（税引き）	企業蓄積率	家計蓄積率	財政赤字率	貿易黒字率	マイナス家計貯蓄率
1955～1959	6.99	12.8	3.6	−0.32	0.08	−8.99
1960～1973	13.46	20.82	4.89	−0.81	0.65	−11.69
1974～1985	7.5	11.68	5.71	2.26	0.63	−12.62
1986～1991	7.95	12.23	3.0	−0.95	1.37	−8.05
1992～1998	8.02	8.71	3.45	1.88	0.93	−7.36
1992～1998	9.58	9.54	3.24	2.53	0.96	−6.63
1999～2003	11.24	8.91	2.44	4.31	0.77	−5.37

出所：菊本義治「日本の不安：その根源を断つ」（くらし学際研究所『現在の不安，それを超えて』2010年）。
注：資料は本田豊「経済成長と企業の利潤率」（菊本義治ほか『日本経済がわかる経済学』所収）による。
　第1行から第5行までは68 SNA（本田豊計算），第6, 7行は93 SNAによる（山口雅生計算）。数値は資本ストックで割られた値である。

ある。高い投資国である高成長国をつくりだすことができなければ，世界利潤は大幅に下落し，資本制経済の存続を危なくする。

　第二次世界大戦後の最初の高成長国は日本であった。1955年から1973年までの間，日本は約10％の経済成長率を維持していた。これが世界の高利潤を保証したのである。日本の高成長は「自前型」に特徴がある。すなわち，外資に依存しなかった。技術はアメリカから輸入したが，それに対して特許料などを支払ったのである。そして，導入技術を改良し，いろいろな技術を組み合わせて生産効率を引き上げたのである。販路先は主として国内需要であった。日本はアメリカへのキャッチアップをめざし，ほぼそれを完遂しえた。そして，アメリカを追い越すほどの力がなく日本の高度経済成長は破綻したのである。

　日本に次いで NIES（シンガポール，台湾，韓国，香港）が続いた。次に ASEAN 諸国が高成長を遂げた。そして現在，中国やインドが長期間にわたって高成長を維持している。さらにロシア，ブラジルが後を追っている。

　日本以外の国ぐにの高成長は基本的に外国依存であり，多国籍企業の役割が大きい。高成長国は多国籍企業の投資によって先端の技術と資金を利用することができた。また，国内購買力が弱いので，外需に依存することになった。このように多国籍企業は世界に高成長国をつくりだす役割を果たしているのである。これまでのところ，高成長国が次つぎに現れてきた。だが，今後も現れ続

けるかどうか，これが資本制経済の運命を決することになる。

7　財政赤字による利潤維持の限界

財政赤字の限界

　財政赤字は短期的には景気刺激効果をもつ。それは，政府支出→需要増→生産と雇用増というメカニズムが生じるからである。しかし，財政赤字にともなって国債発行残高が累積していくと，多くの副作用が生じることも周知のことである。例えば，国債供給増によって国債価格の下落，長期金利の上昇が生じ，それが民間投資を抑制するケースがある。また，政府需要が外国製品に向けられ，輸入が増え貿易収支が悪化することもある。その他，増税，政・官・財の癒着と腐敗の問題もある。したがって，財政赤字による利潤維持には限界がある。

　赤字問題を考えるとき，政府の赤字と国の赤字を区別することが大事である。政府の財政赤字による国債を自国の家計や企業が購入する場合には，前述の財政赤字による副作用が生じるけれども，それは自国内における決済であり，対外支払いはない。政府の借金は必ずしも国の借金ではない。

　ところが，国債が外国人によって購入された場合には対外支払いが問題になる。国債が外国通貨建ての場合，支払不能（デフォルト）に陥ることがある。自国通貨建ての場合，外国人による自国通貨の売りによって自国通貨安になり，為替差損を恐れて新規国債の引受け手がなくなることがある。国債を外国人が保有している分が国の借金である。

　アメリカはどうか。国債のほとんどがドル建てであるからデフォルトの心配はないであろうが，ドル安によるドル信認の揺らぎが生じるのである。

法人税率引下げの是非

　多国籍企業の生産拠点が外国に移るのを避けるために，また，多国籍企業を誘致するために法人税率を下げるべきだという意見がある。日本の法人税率は高いから下げよ，という意見が財界だけではなく政府からも強くなっている。

　第1に，日本の法人税率ないしは企業の租税負担は高いのであろうか。第7章で検討するように決して高くないのである。

第2に，法人税率を下げても必ずしも企業を誘致できない。外国へ出ていくものは出ていくのである。企業立地の決定は税率だけで決まるものではない。産業インフラがどれだけ整備されているか，賃金は安いか，労働者はよく働くか，資金や資源などを調達できるかなどの諸条件を考慮して決めるのである。

　第3に，税率が企業誘致に有効だとして，その結果はどうなるか。ある国が他国よりも税率を低くして企業を誘致しようとすれば，他国も対抗的に引き下げる。この結果は限りない税率の引下げ競争になる。企業を誘致する目的はそのことによって，生産，雇用，所得，税収を増やすことにある。税収は，課税対象額（利潤や固定資産など）に税率をかけたものだから，課税対象額が増えたとしても税率の低下によって総収入が低下することがある。その際には財政は悪化するのである。

　第4に，法人税収が減少すれば，他の税収を引き上げることになる。例えば，一般消費税率引上げである。これは逆累進課税なので経済的弱者に対して重い負担をかけることになる。

　第5に歳出削減である。社会保障関係費が削減される。企業の誘致や流出阻止と財源確保を両立させるためには，各国の協調が必要になる。企業活動はグローバル化しているが，各国がバラバラで自国の利益だけを重視する際には，政策の意図に反する結果が生じかねないのである。

8　国際的な労働市場

　勤労者貯蓄を減らすことによって利潤を増やすことができる。例えば日本の場合，1990年代に入って経済は長期不況に陥ったにもかかわらず利潤は増え続けていた（表1.4）。この根本的な理由は勤労者貯蓄の低下にある。勤労者貯蓄の低下は勤労者の所得が減少したからである。リストラによる失業増，非正規雇用の急増，賃金抑制によって勤労者の所得は低下したのである。

　このように勤労者の所得を抑制することができたのは国内事情だけではない。グローバル化の影響もある。すなわち，雇用と賃金は国内の要因だけで決まるのではなく，国際的な影響を受けるようになったのである。

　雇用に関しては，これまでも外国人労働者の流入が労働供給の一つの源泉に

なっていた。外国人労働は高成長の際には企業の旺盛な労働需要を満たし，危険で過酷な労働を担っていたのである。また，外国人労働の供給増が賃金を抑制するように作用していたのである。

グローバル化が進むと，外国人労働者の流入という労働供給だけではない。多国籍企業は世界に利潤を求めて生産拠点を世界に配置していく。労働移動は現在でも完全に自由ではなく制約があるが，企業が外国に生産立地を求めることによって，その地の労働を雇用できるのである。労働市場は世界的になっているのである。

賃金決定の重要な要因は失業率ないしは雇用率である。雇用率は労働供給に対する雇用者の比率である。この労働供給に外国労働が入るようになったのである。これは雇用率を低下させ賃金を低下させる要因になる。しかも，途上国の労働者の賃金は先進国労働者に比べて低い。これは先進国の賃金を引き下げる効果をもっているのである。多国籍企業は低賃金労働を求めて生産をシフトさせる。これが先進国の賃金を引き下げる要因になっているのである。

9　成長制約要因としての環境問題

高成長国が世界のどこかになければ資本制経済は成立しない。環境問題は成長の制約となる最大の要因である。

経済のグローバル化にともなって汚染物質の排出と環境破壊が急速に進んでいる。例えば，地球的規模での温暖化は予想以上に進んでいる。北極圏の白熊は海氷の氷解によって住む場を失いつつある。

人間以外の動物は自然の変化に受動的に適応する以外に種を存続させることはできない。それに対して，人間は自然を自らにとって都合のよいものに変えていくことで現在の生活を享受してきた。人間は自然を変革することによって生存してきたのである。自然を変革することなしには人間は存続しえない。この自然を変えていくことが生産であり，人間のエネルギー支出が労働である。

しかし，人間の自然変革能力が大きくなると，人間にとって好ましくない状況がつくりだされるようになった。これが環境破壊である。人間は利潤とか消費生活の向上とかの目的によって，自然の摂理を無視し自然を破壊する。それ

が人間の生存を脅かしているのである。長所が身を破滅させることに留意すべきである[9]。

　人間が生存し続けるためには，人間と自然との共生を維持しなくてはならない。自然の摂理を無視した自然変革（破壊）行動は自己破滅的である。

　資本制経済が成立するためには，世界的成長が必要である。経済の成長にともなって汚染物質の排出は増えていく。しかも，ある一定を超えた排出は自然の汚染処理能力を超えているので蓄積されていく。環境破壊が地球規模で深刻になっていくのである。

　経済の発展は経済のグローバル化をもたらした。それは同時に環境破壊を地球規模のものにし，これが人類の存続にとって最大の問題になっている。この問題を解決する一つの方策は生産の低下，成長の低下である。その際には資本制経済は成り立たない。汚染排出をある水準以下に抑えながら成長をおこなうためには，産出1単位あたりの汚染量を減少させる技術の開発が不可欠である。このような技術開発が持続的になされねばならない。この課題を実現できるかどうかが最大問題である。

補論1　利潤の決定

　利潤の源泉は剰余にある。剰余がなければ利潤は生まれない。これはK.マルクスが明らかにし，置塩信雄が論証した命題である。しかし，これだけでは利潤の量的大きさを知ることはできない。それでは，利潤の大きさはどのようにして決まるのか。

　税引き国内利潤とは，企業ベースで考えるならば，「売上－費用－税支払い」である。これをマクロベースでみるならば，

$$\Pi = Y - W - T_\pi \tag{1.5}$$

となる。ただし，Π は国内税引き利潤，Y は GDP，W は賃金，T_π は対資本家課税である。ここで，総生産から原材料などの中間費用を引いたものが付加

---

[9]　恐竜やマンモスゾウがなぜ絶滅したかの理由は定かではないが，彼らが他を圧する身体能力を持ち一時代を制覇したけれども，大食のゆえに気候の変化による植生・生態の変化に対応できなかったという説が有力である。

価値総計，つまり GDP であることに注意されたい。

需給均衡式は，輸入を M，資本家消費を C_π，勤労者消費を C_w，民間投資を I，政府支出を G，輸出を E とすると，

$$Y + M = C_\pi + C_w + I + G + E \tag{1.6}$$

であり，賃金は

$$W = C_w + S_w + T_w \tag{1.7}$$

である。S_w は勤労者貯蓄，T_w は対勤労者課税である。(1.6)式と(1.7)式を(1.5)式に代入すれば，

$$\Pi = C_\pi + I + D + B - S_w \tag{1.1}$$

が得られるのである。D は財政赤字（政府支出 − 対資本家課税 − 対勤労者課税）であり，B は貿易黒字（輸出 − 輸入）である。(1.1)式のうち，右辺の第3, 4, 5項を捨象したのがカレッキー(1958)であり，第5項を捨象したのが置塩(1980)，菊本(1981)であった。第1項を捨象したのが本田(2007)である。

ここでは，簡単化のために資本家消費はないものと仮定しよう。そのとき，

$$\Pi = I + D + B - S_w \tag{1.8}$$

である。つまり，

$$\text{税引き国内利潤} = \text{民間投資} + \text{財政赤字} + \text{貿易黒字} - \text{勤労者貯蓄} \tag{1.2}$$

となる。

補論2　剰余と余剰

マルクスは政府部門を捨象しているが，政府部門を考慮することにしよう。そして，政府が非階級的であるとすれば，剰余（税引き）とは，中間投入財を除いた総生産（GDP）から賃金総額と対資本家課税を引いたものである。つまり，税引き国内利潤である。

GDP から消費総額と租税総額を引いたものは国内民間貯蓄（S）であるが，これは経済余剰と定義できる。すなわち，国内民間貯蓄とは，総生産から国民の生活のために必要な消費と租税を控除したものであり，

$$S = I + D + B \tag{1.9}$$

である。これは次期以降の生産拡大のために（I），財政赤字補塡のために

（D），外国投資のために（B）使ってよいものである。「自由」に使えるという意味で経済余剰とよびうるのである。

　この経済余剰は資本家と勤労者に配分されるのである。つまり，利潤と勤労者貯蓄である。マルクスは，簡単化のために勤労者は貯蓄しないと仮定したが，勤労者も貯蓄をしているのであり，現在の経済を分析するためには，この点を避けることはできない[10]。

参考文献
井村喜代子（2010）『世界的金融危機の構図』勁草書房。
置塩信雄（1965）『資本制経済の基礎理論』創文社。
―――（1980）『現代資本主義分析の課題』岩波書店。
M. カレッキー（1958）『経済変動の理論』（宮崎義一・伊東光晴訳）新評論。
菊本義治（1981）『現代資本主義の矛盾』岩波書店。
本田豊（2007）「経済成長と企業の利潤率」（菊本義治ほか『日本経済がわかる経済学』第3部第5章所収）桜井書店。

（菊本義治）

---

[10] 日本は長期不況（1991年以降）において，経済成長率は低下しているのに国内利潤率は上昇し続けた。これは勤労者貯蓄を引き下げたためである。

第2章　経済のグローバル化とアメリカの貿易赤字

　国際的な経済活動の拡大，相互依存関係の深化といった現象は「経済のグローバル化」とよばれる。それは，各国の経済活動が国境に縛られることなく，その領域が世界全体に拡大していく過程とみることもできる。こうしたグローバル化は，第二次世界大戦後，主に財・サービス貿易の拡大という形で急速に進展する。本章では，モノの国際取引すなわち貿易に焦点をあて，世界貿易の変化とグローバル化の進展とのかかわりについて説明する。さらに，世界の経常収支の動向についても観察したうえで，アメリカがなぜ恒常的な貿易赤字国になったのかについて考える。そして，アメリカの貿易赤字が世界利潤の維持・拡大に貢献してきたこと，その縮小あるいは黒字化が世界利潤の低下を招き，世界不況を引き起こす要因となりうることを指摘する。

1　国際分業体制の変化

　経済のグローバル化は，さまざまな分野で進行している。本章ではモノ（財・サービス）の取引に関するグローバル化に焦点をあて，その実態を明らかにする。そして，ヨーロッパや北米，東アジアなどにおいて地域経済統合が進展していると同時に，地域間の経済連携も緊密化していること，アメリカの輸入超過傾向が強まっていること，日本に代わり中国の貿易黒字国としての重要性が増大していることなどを確認する。

1.1　地域別の貿易動向

　JETRO「世界貿易マトリクス」（各年版）によれば，1980年の世界輸出総額は，1兆8323億ドルであった[1]。そのうち，NAFTA向け輸出が3002億ドル（輸出

---

[1]　「世界輸出総額」は，入手可能な国・地域データの総計であり，現存するすべての国・地域の輸出総額ではない。詳しくは，JETRO ホームページを参照のこと（http://www.jetro.go.jp）。

図2.1 主要三地域間の貿易（1980年）
（単位：億ドル）

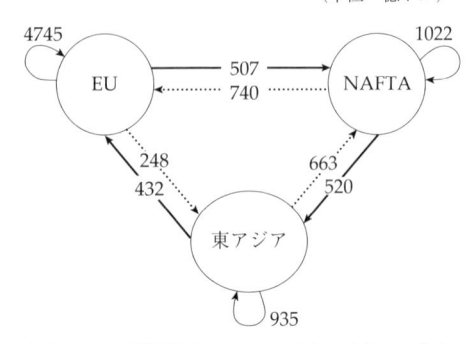

出所：JETRO「世界貿易マトリクス」(1980年) より作成。
注：各地域の定義は、「NAFTA」がアメリカ、カナダ、メキシコ、「東アジア」が日本、中国、韓国、香港、台湾、シンガポール、タイ、マレーシア、インドネシア、フィリピン、「EU」がEU加盟25ヵ国（2005年時点）である。2010年7月現在のEU加盟国は、オーストリア、ベルギー、キプロス、チェコ、デンマーク、エストニア、ドイツ、ギリシャ、フィンランド、フランス、ブルガリア、ハンガリー、アイルランド、イタリア、ラトビア、リトアニア、ルーマニア、ルクセンブルク、マルタ、ポーランド、ポルトガル、スロバキア、スロベニア、スペイン、スウェーデン、オランダ、イギリスの27ヵ国である。2005年時点でのEU加盟国は、上記からブルガリア、ルーマニアを除く25ヵ国である。

総額の16.4％）、EU向け輸出が7708億ドル（42.1％）、日本を含む東アジア向け輸出が2549億ドル（13.9％）である。一方、各地域の輸出額は、NAFTAが3041億ドル（16.6％）、EUが7778億ドル（42.4％）、東アジアが2720億ドル（14.8％）となっている。2008年の世界輸出総額は16兆4902億ドルであり、そのうちNAFTA向け輸出が2兆7306億ドル（輸出総額の16.6％）、EU向け輸出が6兆1654億ドル（37.4％）、東アジア向け輸出が3兆9046億ドル（23.7％）である。一方、各地域の輸出額は、NAFTA、EU、東アジアの順に2兆530億ドル（12.4％）、5兆9309億ドル（36.0％）、4兆4337億ドル（26.9％）となっている。

　これら両年で、国・地域の定義がやや異なっているので単純に比較はできないものの、この30年弱の期間に世界の貿易規模がケタ違いに拡大していることは事実である。また、世界の輸出総額に占めるNAFTA向け輸出の割合がほぼ変化しておらず、さらにEU向け輸出の割合が42.1％から37.4％へと低下している一方で、日本を含む東アジアに対する輸出は13.9％から23.7％へと急増していることも確認できる。世界の輸出総額に占める各地域からの輸出額の割合でも、NAFTAが16.6％から12.4％、EUが42.4％から36.0％へとその相対的なシェアを低下させる一方で、東アジアは14.8％から26.9％へと急増している。ここから世界貿易における東アジア地域の重要性が高まっていることがわかる。

　さらに、EU、NAFTA、東アジア地域間の相互連関を確認しておこう。図2.1

および図 2.2 はそれぞれ，1980年および2008年時点における当該地域間の輸出額を示したものである。かつては輸出超過であった NAFTA の対 EU 貿易が，2008年には輸入超過となっている。東アジア地域は，いずれの年においても対 NAFTA，対 EU ともに輸出超過であり，当該地域が世界に対する財の供給基地として重要な役割を担っていることがうかがえる。また，各地域内輸出（地域内のある国から，同一地域内の他国への輸出）は，1980年には NAFTA 内輸出が1022億ドル，EU 内輸出が4745億ドル，東アジア内輸出が935億ドルであったのに対し，2008年には，順に9884億ドル，3兆9724億ドル，2兆1178億ドルとなっている。すなわち，1980年当時には EU のみが突出していた地域内貿易額も，近年の地域経済統合の拡大・深化によって三地域とも急増している。なかでも，東アジア地域の域内輸出の伸びはすさまじく，当該期間内に23倍弱にまで膨れ上がった計算になる。

図 2.2　主要三地域間の貿易（2008年）
（単位：億ドル）

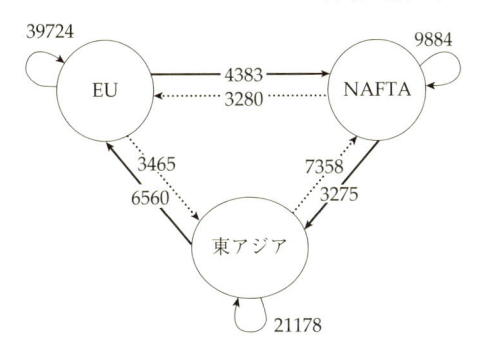

出所：JETRO「世界貿易マトリクス」(2008年) より作成。
注：「EU」が EU 加盟27ヵ国（2010年現在）に，「東アジア」が日本，中国，韓国，香港，台湾および ASEAN 加盟国に変更されている点で，図 2.1 の定義とは異なっている。

1.2　国別の貿易動向

　国別の貿易動向についても確認しておこう。ここで注目するのは，長期にわたり世界の貿易黒字国・赤字国の代表であった日本およびアメリカに加え，近年圧倒的な経済パフォーマンスをみせている中国である。なお EU は，これら3国との貿易を論ずるうえで重要な地域であるため，単一国家ではないが記載しておく。

　1980年時点において，アメリカは日本以外の国・地域（EU，中国）に対して輸出超過であったが，2008年には対 EU，対日・中すべてにおいて輸入超過となっていることがわかる。なお，その（輸入超過の）金額も，この間の貿易

表2.1　主要国間の貿易関係（1980年）　　　　　　　　　　（単位：億ドル）

輸出元＼輸出先	世界	アメリカ	日本	EU（25ヵ国）	中国
世界	18,323	2,268	1,135	7,705	178
アメリカ	2,208	—	208	625	38
日本	1,304	319	—	203	51
EU	7,778	415	74	4,745	29
中国	181	10	40	27	—

出所：図2.1と同じ。

表2.2　主要国間の貿易関係（2008年）　　　　　　　　　　（単位：億ドル）

輸出元＼輸出先	世界	アメリカ	日本	EU（27ヵ国）	中国
世界	164,902	20,554	7,092	61,654	11,610
アメリカ	13,239	—	666	2,753	715
日本	8,250	1,390	—	1,105	1,250
EU	59,309	3,673	624	39,724	1,156
中国	15,124	2,731	1,205	3,023	—

出所：図2.1と同じ。

規模の拡大にともなって飛躍的に増大している。これは，アメリカ国内の財需要に，その供給が追いついていないことを示している。特に中国からの輸入の拡大が顕著である。1980年にはアメリカの対中輸出が38億ドル，中国からの輸入が10億ドルであったのに対し，2008年にはそれぞれ715億ドル，2731億ドルとなっている。ここから，これまで国別では日本がアメリカの主な貿易相手国であったが，現在では中国がその重要性を急速に高めていることがわかる。さらに日本やEUも，中国との輸出入の規模を拡大させている。この傾向は，中国がその巨大な市場を背景とした消費地としての重要性を高めていると同時に，世界の供給基地としてのプレゼンスも向上させていることを示している。

　アメリカ財供給能力の伸び率の低下は，図2.3からも確認できる。図2.3は，アメリカの国内投資（民間国内粗投資，政府国内粗投資，設備投資それぞれの対GDP比率）の動向を示したものである。民間および設備投資率は，上昇，下落を繰り返しながらも，以前と比べるとその水準は明らかに低下している。すなわち，アメリカの国内生産の伸びは鈍化する傾向にあるといえる。ここから，世界市場に対するアメリカの財供給能力の低下をうかがうことができる。

図2.3 アメリカ国内投資率

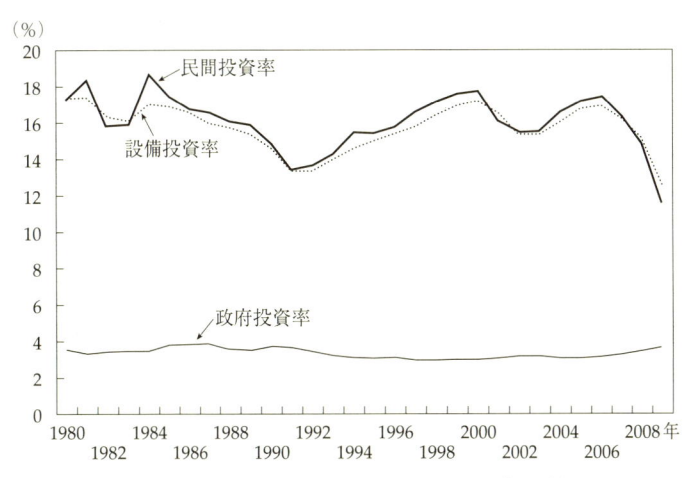

出所：Bureau of Economic Analysis, U.S. Department of Commerce (http://www.commerce.gov) データより作成。

以上の観察から，最近の約30年間におけるアメリカの財供給能力の低下と，消費地かつ財供給基地としての中国の地位向上が確認できる。なお，中国が，この急激な輸出増加を背景に貿易黒字を拡大させていることは周知の通りである（後掲の図2.5参照）。

1.3 世界の経常収支不均衡

ここまでの説明で，現在の国際分業体制に関するおおまかな輪郭は確認できたであろう。そこでは，近年，世界の貿易規模が飛躍的に拡大したこと，財の消費地，供給地としての中国のプレゼンスが向上していること，アメリカがその旺盛な国内需要を完全にまかなうだけの供給をおこなっていないことなどを確認した。国内の財に対する需要と供給が不均衡であれば，経常収支も不均衡（赤字あるいは黒字）にならざるをえない。

近年の世界の経常収支不均衡は，東アジア地域の経常収支黒字増加と，アメリカの経常収支赤字の拡大・恒常化という二極構造になりつつある。本節では，こうした世界の経常収支不均衡について概観する。これは，アメリカの貿易収支がなぜ恒常的に赤字化するようになったのか，という問題を考えるための準

備作業でもある。

　経常収支の不均衡は珍しい現象ではなく，常に存在している。そして，経常収支が不均衡であっても，債務国が債務をファイナンスできるのであれば赤字を継続させることは可能である。しかし，例えば経常収支赤字額が膨大になり，債務国が借入を継続できなくなった場合には，債務不履行に陥り，経済面へ悪影響がおよぶ可能性が大きくなる[2]。

　対外不均衡が世界的に問題視されるようになったのは，1980年代以降のことである。特に莫大な経常赤字を抱えていたアメリカと，膨大な経常黒字を累積させていた日本とが対照的にとりあげられ，日本に対してさまざまな要求が突きつけられた。貿易摩擦が激化し，自動車や家電製品を対象とした輸出自主規制（VER）などが日本に求められたのもこの時期である。1980年代後半に，アメリカの経常赤字はいったん改善の兆しをみせたものの，その後，急激に赤字の規模を拡大させる（図2.5あるいは図2.6参照）。

　1990年代以降における世界の対外不均衡の構造を，International Monetary Fund（国際通貨基金，以下 IMF）は「グローバル・インバランス」とよんだ。具体的には，アメリカやヨーロッパの一部（イギリス，イタリア，ギリシャ，スペインなど）といった巨額の経常赤字を抱える国と，日本，ドイツ，中国および東アジア諸国，石油輸出国などの巨額の経常黒字を抱える国との対比構造である。この構造を確認するために，世界の主な地域・国の経常収支をみておこう。図2.4および図2.5は，1980年以降における世界の経常収支（対世界 GDP 比率）の動向である[3]。

　図2.4は，ユーロ圏，NIES 4，ASEAN 5，中東・北アフリカ諸国における経常収支の動向である。いずれの地域の経常収支不均衡も，対 GDP 比でマイナス0.3％からプラス0.7％の範囲内で推移している。また，産油国の多い中東・北アフリカ諸国を除けば，おおむねマイナス0.2％からプラス0.3％の範囲内で安定的に推移していることも確認できる。とりわけ，NIES 4 および

2）　輸入は，国内需要の一部が海外に漏れているということであるから，貿易赤字が輸入増加にもとづくものであるならば，国内需要の減少要因という意味においても問題といえる。

3）　図2.4および図2.5の経常収支は，各国 GDP に対する比率ではなく，世界の GDP 総額に対する比率で表示されていることに注意していただきたい。

図 2.4　世界の経常収支不均衡（主要地域）

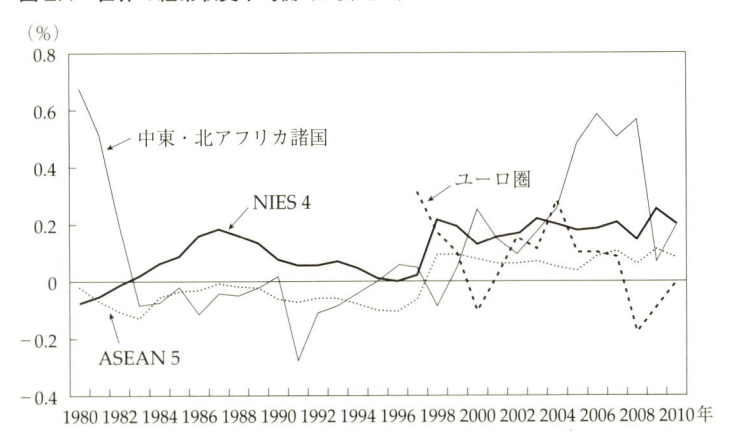

図 2.5　世界の経常収支不均衡（主要国）

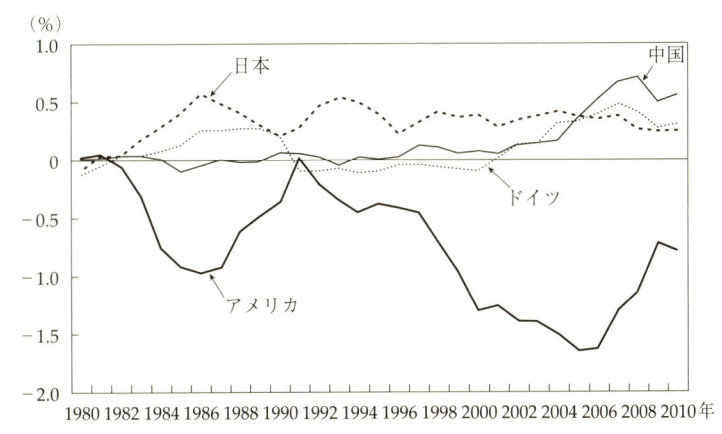

出所：図 2.4, 図 2.5 とも World Economic Outlook, April 2010, IMF（http://www.imf.org）
　　　データより作成。

注：地域の定義は, World Economic Outlook（WEO）2010 の分類にしたがった。「ユーロ
　　圏」：オーストリア, ベルギー, キプロス, フィンランド, フランス, ドイツ, ギリシャ,
　　アイルランド, イタリア, ルクセンブルク, マルタ, オランダ, ポルトガル, スロバキア,
　　スロベニア、スペイン。「NIES 4」：韓国, 台湾, シンガポール, 香港。「ASEAN 5」：
　　タイ, マレーシア, インドネシア, フィリピン, ベトナム。「中東・北アフリカ諸国」：
　　バーレーン, エジプト, イラン, イラク, ヨルダン, クウェート, レバノン, リビア,
　　オマーン, カタール, サウジアラビア, シリア, アラブ首長国連邦, イエメン。

ASEAN 5 については変動幅がかなり小さいうえに，1990年代後半以降は一貫して黒字基調である。これら 4 地域のなかでは比較的変動の大きい中東・北アフリカ諸国でも1990年代後半以降は黒字を継続しており，特に2000年以降はかなり巨額の経常収支黒字を計上している。

　次に，主要国の経常収支をみていこう。図 2.5 に示されている通り，1980年代から90年代にかけては，やはり日本やドイツ（旧西ドイツ）の経常収支黒字が大きい。1990年代後半からは，中国が経常収支黒字を累積させていることが確認できる。中国は1990年代頃から世界の最終財の供給拠点としての重要性を高め，2000年代にその輸出を大幅に増加させた。そして，経常収支黒字の急増を背景に外貨準備保有をも急速に増加させた。この膨大な外貨準備は，主にアメリカに向かっている。2010年現在，国別にみた世界最大のアメリカ国債保有国は中国である。日本も依然として経常収支黒字を計上しているものの，最近は若干の縮小傾向をみせている。アメリカの経常収支は恒常的に赤字であり，特に1990年以降は赤字が急増している。さらに注目したいのは，2000年頃までは，上記の図 2.4 と同様に，各国の経常収支不均衡もそれほど大きくはない（プラス・マイナス 1 ％の範囲内）のに対し，それ以降はアメリカと中国を中心に，世界の経常収支不均衡が拡大傾向をみせていることである。特に，世界の経常赤字の大半が，アメリカ一国に集中するようになった。

　以上から，巨額のアメリカ経常収支赤字を，1990年代までは日本やドイツ（旧西ドイツ）などのヨーロッパ諸国が，2000年以降においては中国やアジアの新興工業諸国などがファイナンスすることで，グローバル・インバランスが拡大してきたと考えることができる。そして近年，世界の経常収支不均衡は，「アメリカの経常収支赤字」と「中国およびアジア新興諸国の経常収支黒字」という二極構造になりつつある[4]。

4）　ここではあまり触れていないが，中東産油国のオイル・マネーもアメリカの経常収支赤字のファイナンスをおこなってきた。オイル・マネーの一部は，ヨーロッパ経由でアメリカへ還流している。また，産油国によるアメリカの中長期国債保有残高は増加傾向にあり，このルートを通じてもアメリカに資金が還流していることがうかがえる。

図2.6 アメリカ経常収支の推移

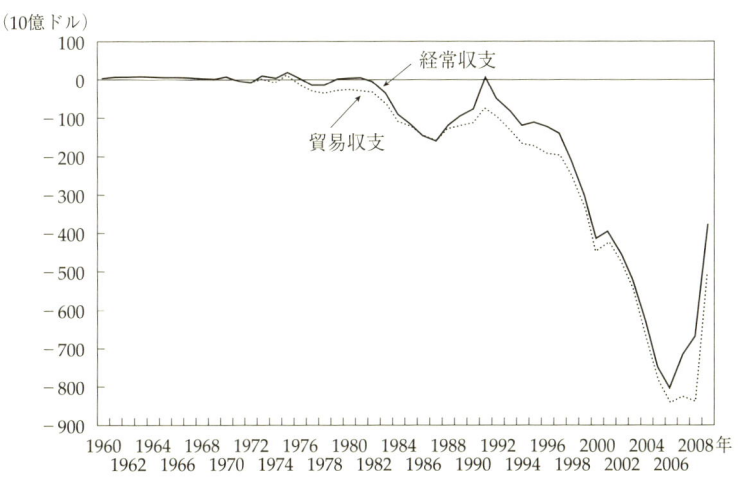

(10億ドル)

出所：Bureau of Economic Analysis, U.S. Department of Commerce データより作成。

2　アメリカの貿易赤字

2.1　アメリカ経常収支の動向

　アメリカの経常収支，貿易収支の動向について，もう少し詳細に確認しておこう。図 2.6 は，1960年以降におけるアメリカの経常収支および貿易収支の推移を示したものである。

　アメリカの経常収支は，1960年には28億ドル，1970年には23億ドルの黒字であった。しかし1970年に入ると貿易収支，経常収支とも赤字化し始め，80年代には赤字額が巨額に膨れ上がった。1980年代後半に赤字は一時減少するものの，その後再び急増している。1990年および2000年の経常収支赤字はそれぞれ790億ドル，4160億ドルである。なお，経常収支赤字額が最大となったのは2006年で，8000億ドルの水準を超えた。ここから明らかなように，1970年代後半以降のアメリカの経常収支，貿易収支はほぼ一貫して赤字体質である。なぜ，アメリカの貿易部門は恒常的に赤字化するようになったのであろうか。まず，アメリカの貿易部門が赤字化していく過程およびその背景を時代別にみておこう。

2.2 戦後の国際経済秩序と経常収支赤字

　第二次世界大戦後の世界経済では，資本主義諸国の覇権を握ったアメリカを中心とし，国家の合意のもとに自由主義的な国際経済秩序が追求された。この国際経済秩序は，自由・多角・無差別・互恵を基本理念として形成され，その実現のために GATT（関税と貿易に関する一般協定：1947年，以下ガットと表記）と IMF（1944年）とが設立された。ガット＝IMF 体制とよばれる新たな国際経済秩序（ブレトン・ウッズ体制ともよばれる）では，ガットによる関税の軽減，数量制限などの直接的貿易障壁の廃止とともに，IMF によって与えられる金融秩序（経常取引に関する為替制限や差別的措置の廃止，為替リスクを小さくする固定レート制の採用）によって，国際貿易の拡大とそれによる国民経済の発展がめざされた。

　このガット＝IMF 体制において，アメリカは基軸通貨国としての強みを最大限に活用していた。積極的に資本輸出をおこない，世界中の資産や企業を買収した。一方で，アメリカ国内需要だけでは，拡大した供給をさばききれなくなったため，その販売先を世界市場にも求め輸出を拡大させた。したがって，1970年頃まで，アメリカの資本収支は赤字，貿易収支は黒字であった。しかし，1960年代後半頃から，世界市場における日本や旧西ドイツのシェア拡大，企業の多国籍化にともなう生産拠点の移転，国内の供給能力を超えた巨大な投資需要や消費需要を満たすための輸入拡大などの要因が重なり，1970年代以降にはアメリカの経常収支が赤字化することになる[5]。

　ところで，この貿易赤字の継続と，それによる国内の金保有量の減少に悩んだアメリカは，1971年に発表された「総合経済政策」において，「金・ドル交換の停止」と「10％の輸入課徴金（後に撤回）」を決定した。ニクソン・ショックとよばれるこの内容は，ガットの自由貿易の理念に抵触するだけでなく，IMF の機能の一部を停止させる内容でもあり，ガット＝IMF 体制の理念を根本的に揺るがすものであった。さらに，1973年に主要先進諸国が変動相場制へ移行すると，IMF はその性質を大きく変化させざるをえなくなった。もはや，

　5）　ベトナム戦争の戦費増加による財政赤字拡大が総需要を拡大させたことも，当時の経常収支を赤字化させた要因であると考えられる。

為替相場制度を形成，維持するという役割が果たせなくなったのである[6]。

2.3 ISバランスとアメリカの貿易赤字

経常収支が，貿易収支，サービス収支，所得収支，経常移転収支の和であることは周知の通りである。しかし一般に，経常収支と貿易収支の動向とは類似しているため，以下では単純に「経常収支＝貿易収支」とみなして議論する（図2.6参照）。

一国の貿易赤字は，国内の貯蓄・投資バランスの不均衡と深く関連している。一国の財市場の需給均衡は

$$Y = C + I + G + E - M \tag{2.1}$$

で表される。Y は生産，C は消費，I は投資，G は政府支出，E は輸出，M は輸入である。この式と，民間貯蓄の定義式

$$S = Y - T - C \tag{2.2}$$

から，

$$(S - I) + (T - G) = E - M \tag{2.3}$$

というISバランス式が求まる。S は（民間）貯蓄，T は租税である。以下では，このISバランスを用いて，1980年以降にアメリカの貿易赤字が拡大した原因を考えよう。(2.3)式からわかるように，貿易赤字（$E-M$ がマイナス）になるのは，貯蓄不足（$S-I$ がマイナス）か財政赤字（$T-G$ がマイナス）の場合である。まず，アメリカ個人貯蓄率の動向を示した図2.7をみてみよう。

アメリカの貯蓄率は，最近やや高くなりつつあるものの，それまでは日本などと比べてかなり低い水準にあったことがわかる。すなわち，これまでのアメリカ経済は基本的に貯蓄不足であり，これが貿易赤字を生み出す一つの要因であったことがうかがえる。次に，図2.8はアメリカの貯蓄・投資バランス（$S-I$），図2.9は財政収支（$T-G$）の推移である。

1980年から90年代半ば頃まで，アメリカでは，財政支出の増加により財政赤字が累積した（図2.9参照）。1981年に大統領に就任したレーガンは，個人所得

---

[6] IMFは為替の自由化を促進するという機能を失う一方で，その金融機能については拡充させてきた。そして現在では，市場主義を背景としつつ，自由化や規制緩和を推進する金融機関としての色合いを強めている。

図2.7 アメリカの個人貯蓄率

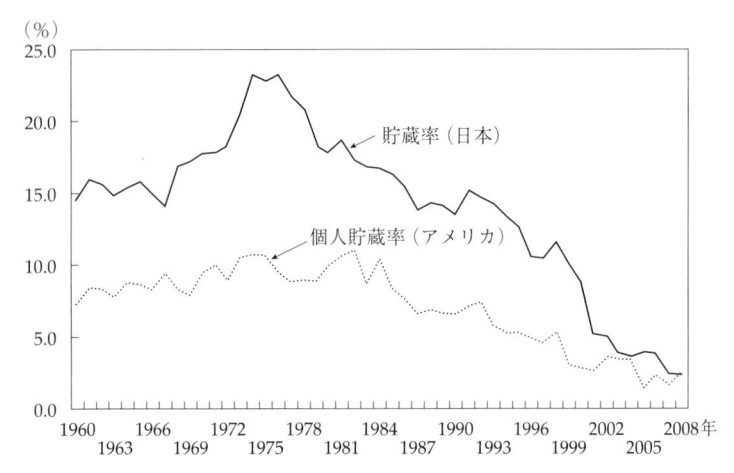

出所：Bureau of Economic Analysis, U.S. Department of Commerce, 内閣府「国民経済計算」データより作成。
注：アメリカの個人貯蓄率は「(Personal saving/Disposable personal income)×100」として求めた。日本の貯蓄率について、1980年の前後で統計上の連続性はない。1979年以前、および1980年以降の貯蓄率の定義はそれぞれ、「貯蓄/可処分所得」、「貯蓄(純)/(可処分所得(純)＋年金基金年金準備金の変動(受取))」である。

税の最高税率引下げや法人税の減税を進める一方で、「強いアメリカ」を標榜し、軍事費を増大させた。この結果が巨額の財政赤字である。さらに、規制緩和を進めるとともに、マネーサプライ管理政策による金利上昇と、それにともなうドル高を容認する姿勢を示した。しかしこのドル高は、日本をはじめとする諸外国からの輸入を急増させ、巨額の貿易赤字を発生させることとなる。結局、レーガノミックスは、小さな政府をめざしていたにもかかわらず、「双子の赤字」（あるいは「三つ子の赤字」）の発生によって、当初の自由貿易路線ではなく数多くの保護主義的な貿易政策を採用するという皮肉な結果となった。この双子の赤字は、ドルが暴落するかもしれないという「ドル不安」を拡大させたため、アメリカ政府は国際協調による政策的介入に乗り出した。なかでも、1985年のプラザ合意とそれ以降の協調利下げを通じた高金利・ドル高是正はとりわけ重要であった。その後ドル安が進み、1980年代末には特に対日、対独貿易赤字が減少し、輸出は増加した。その結果、1980年代後半から90年代初頭に

図2.8 アメリカの貯蓄・投資バランス ($S-I$)

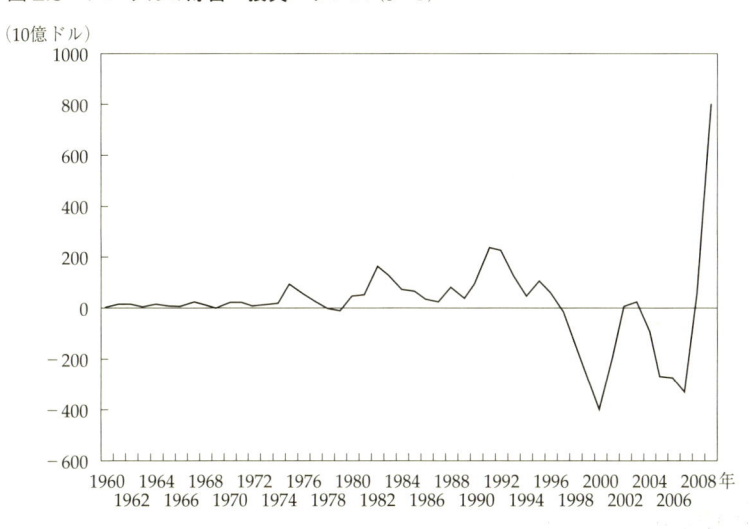

(10億ドル)

図2.9 アメリカの財政収支 ($T-G$)

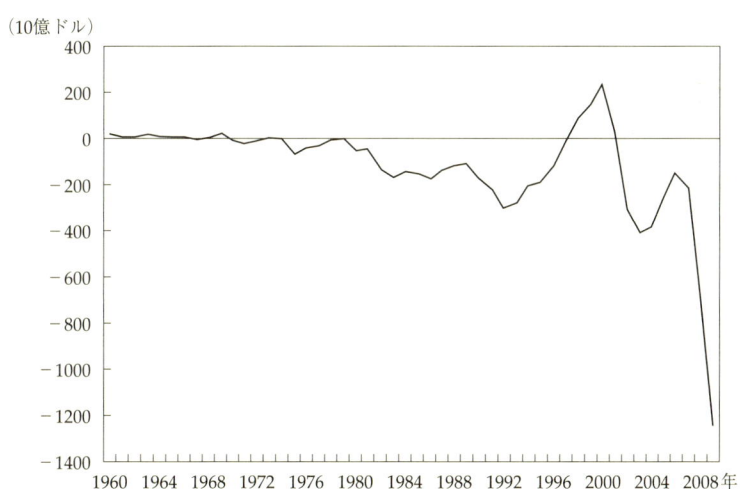

(10億ドル)

出所：図2.8, 図2.9とも，図2.6と同じ．

かけて，アメリカの貿易赤字は縮小した（図2.6参照）。レーガンのあとを継いだブッシュ政権（G. H. ブッシュ）でも，基本的な経済政策はレーガン時代とほぼ同じ路線でおこなわれた。このように，1980年代から90年代半ばまでのアメリカでは，政府部門の支出超過（財政収支の悪化）が，貿易赤字の主な要因であったと考えられる。

　ブッシュ大統領は，冷戦終結や湾岸戦争での勝利などによって外交面の評価を高めたものの，国内の景気低迷によって経済政策運営に対しては不満が高まった。そして，政権を民主党のクリントンに譲ることとなる。伝統的なアメリカ民主党政権では総需要管理型の政策運営が基本とされるが，クリントン政権ではそうした従来の路線からは外れ，構造改革と財政支出抑制を柱とする小さな政府をめざした。クリントノミクスとよばれるこの一連の経済政策は，当時の国際環境，特に冷戦終結に大きな影響を受けている。1989年のマルタ会談によって冷戦に終止符がうたれると，継続的におこなわれてきた軍備拡張競争に歯止めがかかり，アメリカ国防予算の減額が可能となった。また，さまざまな税率を引き上げる一方で，勤労所得の控除などをもおこなった。このような連邦政府による歳出削減の実行と，1991年からの長期的な景気拡大にともなう歳入の拡大とによって，1998年に財政収支は黒字となった（図2.9参照）。この財政赤字の削減は，追加的な国債発行を抑制し，長期金利の低下をもたらした。その結果，企業の設備投資や消費者の住宅投資が刺激された。なかでも情報関連分野，すなわちコンピュータおよび関連機器，情報通信機器への投資が活発におこなわれた。1980年代に失速したアメリカ経済は，自動車や鉄鋼といった従来のアメリカの中心産業ではなく，こうした分野の国際競争力を中心に回復した。そして1990年代後半には，ITバブルを背景とした好況局面に突入する[7]。図2.8の貯蓄・投資バランスでは，家計部門と企業部門の区別をしていないためはっきりと確認できないが，この時期の貿易赤字はこうした企業部門を中心とした投資超過（貯蓄不足）が主な原因である。2000年代に入ると，アメリカのITバブルが崩壊し，民間部門が投資を抑制したために，貯蓄超過と

---

7) この期間は，低いインフレ率と低い失業率が同時に達成され，ニュー・エコノミーともよばれた。なお，1990年代のアメリカ経済の回復には，情報関連産業とならび金融産業の躍進も大きく貢献した。

なった。にもかかわらず，この時期には，家計部門の消費拡大（貯蓄率低下）や，ブッシュ（G. W. ブッシュ）減税，テロ対策費用の増加による財政収支の悪化などが大きく影響し，貿易赤字は急激に拡大することになる。

3 アメリカの貿易収支はなぜ赤字になるのか？

3.1 世界利潤

　なぜ，アメリカの貿易部門は恒常的に赤字化するようになったのであろうか。すでに述べたように，貿易赤字には財政赤字（$T-G<0$）や貯蓄不足（$S-I<0$）が大きく影響する。1980年代から90年代半ばまでは，政府部門の支出超過（財政収支の悪化）が貿易赤字の主な要因であった。1990年代後半から2000年にかけては，ITバブルを背景とした企業部門の投資超過（貯蓄不足）が原因である。そして2000年以降においては，家計部門の消費拡大や，減税，テロ対策費用の増加などによる財政収支の悪化が貿易赤字の拡大を促した。しかし，以上の説明では，それぞれの時期にアメリカの貿易赤字が生じた背景について理解することはできるものの，「なぜ貿易部門の赤字が恒常化したのか」という問いに対する答えにはなっていない。

　ここで，確認しておきたいことは，ファイナンスが可能な限り貿易赤字は持続可能だという点である。逆にいえば，アメリカがこれほど巨額な貿易赤字を長期間継続することが可能であるという背景には，それをファイナンスする構造が存在していることを暗に示している。この構造を支えているのが，かつての日本，そして現在の中国からアメリカへのドルの還流である。日本や中国は，巨額な貿易黒字によっていったん流入したドルを，アメリカの国債購入などを通じて再び本国に還流させているのである。その結果，アメリカは自ら生産をおこなうことなく，国内で必要とされる物資を外国からの購入によってまかなうことが可能となったのである。とはいえ，これはあくまでアメリカ貿易赤字の維持が可能となるための条件であって，赤字が恒常化した理由としては不十分である。この問いを解くカギは，世界利潤の拡大という視点にある。

　まず，一国の利潤を規定しておこう（詳しくは第1章を参照のこと）。すでに求めた(2.3)式を変形すると，国内の民間貯蓄（経済余剰）Sは，

と表せる。単純化のために、資本家による消費はないと仮定すると、貯蓄は

$$S = I + (G - T) + (E - M) \tag{2.3'}$$

$$S = \text{企業利潤（税引き）} + \text{家計貯蓄} \tag{2.4}$$

と定義される[8]。それゆえ、(2.3′)、(2.4)式より

$$\text{企業利潤（税引き）} = \text{投資} + \text{財政赤字} + \text{貿易黒字} - \text{家計貯蓄} \tag{2.5}$$

が成立する。(2.5)式より、税引き国内（企業）利潤は、投資（I）、財政赤字（$G-T$）、貿易黒字（$E-M$）、および家計貯蓄に依存することがわかる。一国の利潤の大きさが(2.5)式で表されるのであるから、世界全体の利潤は、これらを国の数で集計することで求めることができる。したがって、世界利潤は

$$\text{世界利潤（税引き）} = \text{投資総計} + \text{財政赤字総計} - \text{家計貯蓄総計} \tag{2.6}$$

と表せる。ただし、世界全体で貿易収支を合計すると、その総和はゼロになることに注意せよ。すなわち世界全体の利潤合計は、世界全体での投資合計と財政赤字の合計から家計貯蓄の合計を差し引いたものとなる。また貿易は、世界利潤を各国に再配分する際に重要な役割を果たすものの、貿易収支が世界利潤に対して直接的な影響をおよぼさないことも明らかである。

3.2 アメリカの貿易赤字が恒常化した理由

(2.6)式より、世界利潤を拡大するためには、①世界規模で投資が拡大（すなわち高貯蓄・高成長）する、②財政赤字が拡大する、③家計貯蓄が低下することが必要であることがわかる。しかし、アメリカの財供給能力は、かなり以前から国内需要すら十分に満たせない状況にあることはすでに確認した通りである。したがって、アメリカがかつてのように投資によって世界利潤を維持・拡大させることは難しい[9]。また、勤労者の賃金を抑制することで貯蓄率を低

---

[8] この場合、(税引き) 利潤および民間消費は、それぞれ

$$\pi = Y - W - T_\pi, \quad C = c(W - T_w)$$

で表される。W は賃金総額、T_π は法人税、T_w は所得税、c は労働者の消費率である。これら両式と(2.2)式を用いれば、

$$S = \pi + (1 - c)(W - T_w)$$

を得る。これが(2.4)式である。ただし、$T = T_\pi + T_w$ であることに注意せよ。

[9] ただし、アメリカ以外の国・地域の投資増大が世界利潤を拡大させる可能性はある。この点については第4章を参照のこと。

下させることも可能であるが,これには労働者も抵抗するであろうし,彼らとの軋轢が深まることは目にみえているため,好ましい方法とはいえない。では,財政赤字はどうか。第1章でも述べたように,財政赤字の継続はさまざまな問題を引き起こす可能性がある。一つは金利の上昇である。もし,財政赤字によって金利が上昇し,国内投資が減少するならば,財政赤字による利潤の増加効果はその分だけ相殺され,場合によっては,利潤はむしろ低下する。また,財政赤字は貿易赤字を誘発することがある。一般的に,長期にわたって貿易赤字を持続させることは不可能であるから,この点に鑑みても財政赤字を持続させることは困難であるように思える。

しかし,上記のような問題の発生を前提とした場合でも,アメリカが可能な限り財政赤字を拡大させることで世界の財政赤字を拡大させることができる。もちろん,この場合にはアメリカの貿易収支は赤字化する。しかしアメリカは,国際通貨ドルを供給できる世界で唯一の国家であるために,貿易収支の赤字をドルで決済できるという強みをもっている。すなわち,ある程度は貿易赤字を持続できる特権をもっているのである。また,アメリカが巨額の貿易赤字を計上すれば,それ以外の国ぐにでは黒字化(あるいは赤字減少)する。この場合,貿易収支が黒字化した分だけ,各国の財政赤字を増やすことも可能となり((2.3)式参照),世界の財政赤字を増やすことができる。アメリカは,貿易赤字を持続させることで世界利潤の拡大をはかることが可能な国家なのである[10]。すなわち,アメリカの恒常的な貿易赤字は,世界利潤の維持・拡大に必要であったのである。逆にいえば,アメリカ貿易赤字の縮小あるいは黒字化は,世界利潤の低下を招き,世界不況を引き起こす一つの要因にもなりうると考えられる。

---

10) しかし,双子の赤字を永続させることは不可能である。この点についても第4章を参照のこと。

補論　19世紀の自由貿易体制

　本章では，世界の分業体制とその変遷について概観した。しかし，こうした国際分業体制がどのように成立してきたのかをより深く理解するためには，過去の歴史を無視することはできない。ここでは，近代の資本主義経済システムの萌芽期と考えられる19世紀以降の歴史を簡単に振り返っておこう。

　18世紀後半，イギリスで発生した産業革命は，世界経済を緊密につなぐ役割を果たした。産業革命に成功した国ぐには，先進工業国として工業製品を輸出するとともに，その原材料の輸入を大量におこなうようになった。さらに，19世紀初頭におけるイギリスの連続的な関税引下げや，1846年の穀物法廃止，1854年の公開条例の廃止なども貿易自由化の促進・国際取引の拡大を促す要因となった。当時のイギリスは，多くの植民地をもつ宗主国として君臨しており，これらの国ぐにに対して自由貿易を強制しつつ，日本などのアジア諸国に対しても不平等条約という形で自由貿易を強制した。また，最恵国条件を含む1860年の英仏通商条約は，当時の欧州諸国間における自由貿易ネットワークの形成を促進させただけでなく，その後の自由貿易条約のモデルとして，19世紀後半の自由貿易拡大に大きく貢献したといわれる。しかし，当時の自由貿易拡大の要因はこれだけではない。いかに法制度面を整備しても，為替の安定・自由化がはかられなければ貿易は拡大しない。イギリスは，国際金本位制を完成させることで，為替の自由化，固定相場制度の実施を可能とした。これにより，国際取引の代金決済が安定化し，貿易拡大が促進されたのである。

　すなわち，19世紀の自由貿易体制は，当時のイギリスの覇権を前提としたものであったといえる。この時代の自由貿易体制の形成は，圧倒的な工業生産力によって生み出された製品の供給先と，原材料の輸入国を確保するという目的で必要とされたのである。しかし，それゆえに「覇権国イギリス」の地位低下とともに，当時の自由貿易体制も衰退していくこととなる。

参考文献
　岩本武和ほか（2001）『グローバル・エコノミー』有斐閣。

河村哲二（2003）『現代アメリカ経済』有斐閣.
菊本義治（2005）『現代国際マクロ経済の研究』兵庫県立大学経済経営研究所.
経済産業省『通商白書』（各年版）日経印刷（http://www.meti.go.jp）.
小宮隆太郎（1994）『貿易黒字・赤字の経済学』東洋経済新報社.
高屋定美編著（2010）『EU経済』ミネルヴァ書房.
田島哲也（2004）『アメリカの経済社会構造』中央経済社.
東京銀行調査部（1994）『国際収支の経済学』有斐閣.
新岡智・板木雅彦・増田正人（2005）『国際経済政策論』有斐閣.
松本八重子（2009）『地域統合，国家主権とグローバリゼーション』中央公論事業出版.

（西山博幸）

第3章　アメリカの赤字ファイナンスと金融グローバル化

　第2章で述べたように，アメリカは持続する貿易赤字をファイナンスすることが大きな課題となった。なぜ，アメリカは貿易赤字を続け，それを拡大することができるのであろうか。

　この章では，国際決済とアメリカの貿易赤字ファイナンスについて検討し，次の3点を明らかにする。第1に，アメリカが他の国ぐににはない貿易赤字ファイナンスのための特権をもっていることである。第2に，アメリカが特権をもつといっても，その特権だけでは巨額の貿易赤字をまかなえず，アメリカに貿易赤字で垂れ流された資金を環流させ，さらにはそうした資金を海外で運用するようになった，という実態である。そして第3に，アメリカへのそうした巨額の資金環流が可能になった理由である。

1　国際通貨提供国としてのアメリカ

1.1　国際通貨とは何か

　国際決済の基本的なしくみを確認することからはじめよう[1]。貨幣（通貨）とは，誰もがそれとなら交換してもよいという「一般的受容性」を有するモノであり，①支払い・決済の手段，②価値尺度（計算単位），③価値の保蔵手段の三つの機能を有する。もし，完全なグローバル経済になって「世界貨幣」が存在すれば，世界中のどの地域のどの人との交易においても世界貨幣で支払いが完結する。また，遠隔地間の受取（債権）や支払い（債務）についても，現在の一国内での内国為替のしくみと同様である。銀行が仲介者となって，複数の債権債務を相殺したあと，地域間の最終的な差額を銀行間で決済する。銀行

---

[1]　第1節と第2節については，川上・藤田・向 (2007)，山本 (1997, 2002)，奥田 (1996) などを参照されたい。

間決済は世界中央銀行にある銀行口座の振替で決済が完了する。

　グローバル化の途上にある現在の世界は，通貨自主権をもち，異なる国民通貨を使用している多くの国ぐにで構成されている。国際間の最終的な銀行間決済を完了させる世界中央銀行も存在しない。したがって，国際間の決済をおこなうために外国為替取引が必要になる。銀行は，取引相手国に支店を開設するか，外国の銀行との間でコルレス契約を結ぶことによって，外国にその国の通貨建ての預金口座（コルレス勘定）を設ける[2]。

　たとえば，日本のJ銀行とアメリカのA銀行との間でコルレス契約を結べば，J銀行はA銀行に決済のためのドル建ての預金口座をもつことになる。J銀行が日本X社の対米輸出代金100万ドルの受け取り，日本Y社の対米輸入代金80万ドルの支払いを仲立ちするとすれば，差額の20万ドルをアメリカ側から受け取ればよい。A銀行のJ銀行口座に20万ドルが追加されることで，国際決済は完了する。つまり，銀行の海外支店の自行の決済勘定ないしコルレス契約を結んでいる外国銀行の決済勘定の増減をもって国際決済が完了するのである。

　二国間決済では，次の二つの問題が残る。第1に，貿易取引をはじめとして種々の国際取引がグローバル化していくなかで，各国の民間銀行はすべての取引国の銀行とコルレス契約を結ぶか，またはそれらの国ぐにに海外支店を開設する必要がある。それでは，決済のための取引コストが膨大になる。また，二国間決済であると相殺できる取引が限定されるので，差額支払いが大きくなる場合に備えて，常時潤沢な預金額を決済口座に有しておかなければならない。第2に，決済勘定の預金額の過不足を調整することにも困難が生じる。銀行が外国為替市場で各国通貨建て預金の請求権の交換をおこなう際に，当該国との取引がわずかであると交換相手をみつけるのに苦労するうえ，場合によっては出会いがとれないことすらあるであろう。

　こうした問題は，国際決済をある一つの国の通貨建て預金に集中させ，その国の内国決済システムをその他の国ぐにが多角的決済に利用することで解決しうる。第二次世界大戦後にその役割を担ったのが，アメリカのドルであり，銀

2）　コルレス契約とは，主に貿易取引において，為替手形の引取りや買取りなどについて相互に委託する契約であり，契約にもとづいて為替決済勘定となるお互いの預金口座であるコルレス勘定を相互に開設する。

行間ドル決済システムである。すなわち，アメリカ以外の国にとって，国際通貨とはアメリカの銀行に預けられた非居住者のドル建て預金であり，その口座振替を通じて決済されるのである。自国の銀行と取引相手国の銀行がそれぞれ異なるアメリカの銀行にコルレス勘定を有している場合には，それらアメリカのコルレス銀行間での決済が必要となる。その場合には，アメリカ国内の決済システムが使われる。コルレス銀行が，アメリカの中央銀行である連邦準備銀行に開設している預金の口座振替をおこなうことで最終的な決済が完了するのである[3]。

　現実には，企業の貿易取引のほかにも個人や金融機関，政府などがおこなうすべての対外取引の支払い・受取の多くの部分が銀行に持ち込まれ，銀行間の外国為替取引に置き換えられる。それらに銀行自身による国際間貸借取引のための為替取引が加わる。それゆえ，国際通貨ドルは世界各国の銀行間外国為替取引を媒介するのである[4]。この米ドルの役割を強調して「基軸通貨」とよぶこともあるが，本書では国際通貨と同義に扱っている。

1.2　国際通貨提供国の役割

　国際通貨提供国（国際通貨国）であるアメリカは，国際取引の国際間決済のために国内決済システムを提供している。アメリカは世界経済の中心的な地位にあり，世界各国と大規模な貿易取引をおこなってきた。このことは，アメリカと多くの国との間に大規模な為替取引が存在していて，他の国ぐにが国際通貨としてドルを選択するには好都合な条件である。けれども，国際通貨国としての役割は，国際決済システムの提供だけではない。

　もう一つの重要な役割は，国際通貨利用国（非国際通貨国）が必要とする国際流動性の供給である。国際流動性には，国際通貨である非居住者ドル預金だけでなく，それに容易に転換可能なドル建ての短期流動的な資産と負債も含まれる。なぜなら，国際通貨利用国にとって，自国の銀行がさまざまな国際取引の決済において不足した資金をいつでも容易にファイナンスでき，資金余剰が

---

[3]　ドルの国際取引は，CHIPS（Clearing House Interbank Payment System）というアメリカ国内のシステムを通じて決済される。

[4]　この国際通貨の機能のことを「為替媒介通貨」としての機能という。

生じた場合には資金運用できるようなシステムを提供してくれる，という便益がなくてはならないからである。さらに，世界経済の成長とそれにともなって増大する国際取引に必要な国際流動性の供給も期待される。資金の調達だけでなく資金の運用も含めるのは，コルレス勘定の預金が要求払い預金で無利子あるいはきわめて低金利であるため，決済に最低限必要な預金残高を上回ったときに，ただちにより有利な資産に転換する必要があるからである。この役割を担うのが，十分に発達した取引規模の大きいアメリカの短期金融市場である。

　以上のように，国際通貨国であるアメリカの役割は，国際決済システムの提供と国際流動性の供給である。アメリカ以外の国は，次の二つの負担を強いられる。第1に，非国際通貨国は，たとえ短期的な貸借が利用できるとしても，貿易黒字によって対外支払いの外貨ドルを獲得する必要がある。公的レベルでも外貨準備を保有して，民間での対外支払いを補完している。外貨準備は，政府・通貨当局による外国為替市場介入によるドル買いを通じて獲得される。第2に，為替リスクの負担である。ドル価値が低下すると，民間では輸出や保有するドル資産が自国通貨建てで目減りする為替差損が発生する。公的にも外貨準備に差損が生じる。各国通貨の対ドル・レートは同じ動きをするわけではないから，対米取引だけでなく，為替リスクはアメリカ以外の国ぐにとの取引にも大きな影響をおよぼす。したがって，非国際通貨国はドル価値の低下による損失負担という点でドル価値の安定化を望む[5]。

2　貿易赤字のファイナンス

　第2章の図2.4と図2.5において，世界のいくつかの国や地域の貿易不均衡の推移をみた。アメリカは，1982年から赤字になり，いったん1991年にほぼ均衡するものの，その後は他の国や地域とは比べものにならないほどに赤字を拡大させてきた。1980年代から1990年代のASEAN 5も貿易赤字が継続するが，対GDP比でマイナス0.5％以内に収まっている。国際通貨国であるアメリカと国際通貨を利用する国とで，持続的な貿易赤字のファイナンスに相違が生じる

---

[5]　ドル建ての輸入やドル資金での海外進出には，ドルの下落はメリットにもなりうる。

であろうか。この章でも，特に区別する必要がないかぎり，経常収支＝貿易収支とみなして議論する。

2.1 非国際通貨国のファイナンス

　アメリカ以外の国，特に開発途上国においては，経済発展に必要な資本財の輸入が輸出を超過して，貿易赤字になりやすい。かつ，開発途上国には対外資産の蓄積も少ない。開発途上国の貿易赤字が持続すると，かりに外国からの外貨借入ができたとしても，徐々に信用リスクが増大する。信用リスクの増大は，貸し手をより慎重にし，貸借期間を短くしたり，貸出額を減額したりするようになるであろう。信用リスクが臨界点を超えれば，貸し手は資金の回収に必死になる。つまり，貿易赤字国への資本流入の増加は低下し，ついには逆転して流出する。最悪の結末は，外貨準備などの公的対外資産までも枯渇し，デフォルトに陥ることである。したがって，外貨の資金調達ができなくなるから，貿易赤字を削減せざるをえない。

　そうした状況を避ける方法に，為替レートの変動による調整がある。貿易赤字は，外貨であるドルの支払いが受取を上回るので，外国為替市場においてドル高・自国通貨安の圧力がかかる。変動レート制を採用して，為替レートを外国為替市場に委ねて，自国通貨安を受け入れれば外貨の需給は一致する。かつ，自国通貨安は輸出の価格競争力の強化にもつながる。

　しかしながら，この方法にも次の二つの限界がある。第1に，ドル建てで借り入れている場合には，自国通貨安は自国通貨での返済額を膨らませる結果となる。第2に，非国際通貨国間貸借での貸し手側にとって，信用リスクに為替リスクが加わることになり，非国際通貨国への対外貸付を抑制する要因となる。多くの開発途上国が明示的にあるいは事実上でドル・ペッグ制を採用するのは，この為替リスクによる資本流入の減少を避けるためだ，といわれている。しかし，貿易赤字国の場合，ペッグ制を維持するためにドル売り介入を続けることにも限界がある。保有する外貨準備高に限りがあるからである。したがって，アメリカ以外の国は，長期的に貿易赤字を続けることはできない。

2.2 アメリカのファイナンス

　非国際通貨国に対して，アメリカは自国通貨が国際通貨なのであるから，そもそも外貨の獲得という問題自体生じない。つまり，アメリカには国内のドルがいつでも国際取引に使える国際通貨であるという特権が生じ，貿易赤字のファイナンスを非常に容易にする。さらに，アメリカには次のような付随的な特権が生じる。

　まず，貿易取引に関して，非国際通貨国からアメリカ国内に対外決済のためのドル預金やドル建て短期流動資産への需要があり，それがアメリカへの短期資本流入を形成する。世界貿易の拡大や国際資本移動の活発化にともなって，この資本流入も増大する。アメリカの国際流動性の供給という役割が，自動的に貿易赤字の一部をファイナンスするという特権を生む。

　公的なレベルでも，民間の対外決済を補完するために，アメリカの貿易赤字ファイナンスを手助けするシステムが組み込まれる。アメリカ以外の国の通貨当局（中央銀行・政府）は，対外支払い準備通貨および外国為替市場への介入通貨として公的にドルを保有する。非国際通貨国の外貨準備の増加は，アメリカからみれば資本流入にほかならない。

　第2に，アメリカの居住者は国内の信用システムを対外支払いにも利用可能であることである。銀行の代位を捨象し，アメリカの居住者が他国の取引相手に輸入代金を直接支払う場合を想定しよう。アメリカ居住者は，自らの預金口座から相手がアメリカ国内の銀行に保有する非居住者ドル預金の口座に代金を振り替えることで支払いが完了する。その際，アメリカ居住者は国内の信用システムを利用し，アメリカ国内で借り入れた資金を非居住者の預金口座に振り込むことも可能である。多様な借入方法があるが，商業銀行からの借入が最も重要である。なぜなら，アメリカの居住者は，信用創造によって新たに生み出されたドル預金で対外支払いができるからである。すなわち，アメリカは「自国の銀行の信用創造によって国際通貨ドルを創出できる」という特権を有するのである[6]。これらの特権により，アメリカは経常収支赤字を容易にファイナ

---

[6] 秋山誠一・吉田真広 (2008) の第2章「国際通貨国特権とアメリカの経常・資本取引」（執筆：山田喜志夫），41頁。

ンスできるのである。

2.3　外国からの投資が不可欠なアメリカ

　信用創造によるドルでの対外支払いが可能であったとしても，それだけではアメリカの巨額な貿易赤字をファイナンスするには不十分である。貿易赤字という債務を，アメリカの非居住者預金での債務に置き換えただけではすまないからである。

　たとえばドルで受け取った取引相手が日本の輸出企業であるならば，従業員への賃金支払いなど自国での活動のために，そのドルを円に転換する。アメリカの経常赤字の支払額は，ドルのままで再投資される場合もあるから全額ではないにせよ，対米貿易黒字を抱える国ぐにおいて外国為替市場でのドル売り・自国通貨買いとなって現れる。これは，恒常的にドル価値を低下させる圧力となる。アメリカのドル創出による対外支払いの増大は，よりいっそうのドル売りにつながり，ドル価値を低下させ続ける。ドル価値の低下は非国際通貨国の為替リスクの負担を増大し，ドルに対する信認が揺らぐ。非国際通貨国の通貨当局は，外国為替介入を通じてドルを買い支えるであろうが，それにも限界がある。最終的に，アメリカ以外の国ぐにがドルでの受取を拒否し，保有するドル資産を別の資産に転換する事態にいたると，ドルは大暴落し，ドルを基軸とした国際通貨体制は崩壊，アメリカだけでなく世界経済が大混乱に巻き込まれる。

　それゆえ，ドル創出による対外支払いだけでは，アメリカの貿易赤字の継続は不可能であり，アメリカの貿易赤字に依存した世界経済体制の維持もできなくなる。アメリカにとっても，対米貿易の黒字で利益を得ている国ぐににとっても，アメリカの貿易赤字ファイナンスは死活問題である。

　では，どうするか。アメリカが対外に支払ったドルをもう一度アメリカに環流させるしくみをつくるのである。外国からアメリカへの投資を促し，その資本流入によって貿易赤字を資本収支黒字でまかなうのである。第2章でみたように，国内のISギャップは貿易収支に反映される。アメリカは，民間部門の貯蓄不足を補うためと財政赤字をファイナンスするために，外国から株式や中長期国債などの種々の証券への投資あるいは外国の銀行・ノンバンクからの借

入が必要なのである。

3 アメリカを軸とする国際資本移動の実態

本節では,まず1970年代から80年代の国際資本移動と国際金融市場での主な出来事を概観する。次に,1990年代以降に国際資金循環がアメリカへの環流を中心に形成されている実態を明らかにする[7]。

3.1 1970〜1980年代の国際資本移動

ニクソン・ショック後のスミソニアン合意も失敗に終わり,1973年から先進各国は変動為替レート制に移行した。世界経済の混乱からIMF体制に代わる新体制を見出すことができず,1978年にIMF協定第二次改正がおこなわれた。この改定で,加盟各国にどのような為替レート制度を採用してもよいという自由な選択権が与えられ,国際取引での金による支払義務もなくなった。すなわち,1970年代以降,国際収支調整と為替レートが公的管理から民営化され,国際金融市場と外国為替市場に委ねられることになったのである。

そうした背景のもとで,1970年代の資本移動は次の特徴をもった。1973年と79年の二度にわたるオイル・ショックによって,石油産油国の大幅な貿易黒字となって中東に資金が流入した。オイル・マネーは,アメリカ国内よりも使い勝手のよいイギリスのユーロ・ドル市場に流れてユーロ市場の成長を促した[8]。つづいて,そのマネーは,アメリカ系大手商業銀行が主幹事となって複数の大手銀行が協調して融資するシンジケート・ローンの形態で中南米の途上国に環流した。

1980年代になると,国際資金循環パターンは一変する。第2章の図2.4と図

---

[7] 1990年代までのグローバル化の実態については,山本(2002)やJ. L. イートウェル・L. J. テーラー(2001)を参照されたい。また,藤田誠一氏の2002年日本国際経済学会における報告「グローバリゼーションと金融問題」の資料も有益である(http://wwwsoc.nii.ac.jp/jsie/Tohoku_Univ/1_2f.htm)。

[8] ユーロ・ドルとは,アメリカ国外にあるドル預金やアメリカ国外で発行されたドル建て債券のことである。緩い金融規制のもとでより高い金利での運用とより安い金利での調達ができた。

2.5でみたように，1980年代初頭に中東産油国の貿易黒字が急減し，貿易黒字国は旧西ドイツや日本になった。そして，アメリカの貿易赤字構造が生み出されたのである。また，成長が期待された中南米の国ぐにが次つぎとデフォルトに陥ったことから，先進国からの開発途上国向けの資本移動は激減した。かわって，日本，旧西ドイツからアメリカへの証券投資の形態での資金循環が国際資本移動の中心になった。

各国の金融市場の相互依存性が高まっていく「金融の国際化」という現象から，市場が統合され，一体化する「金融のグローバル化」への移行は1990年代以降である，というのが一般的な見解である。1970年代から80年代にかけての，開発途上国をも巻き込んだ世界各国の金融自由化・規制緩和は，金融の国際化とグローバル化の大前提である。1970年代半ばに，アメリカはいち早く金融自由化・規制緩和策に乗り出す。1980年代からのアメリカは，日本や旧西ドイツなどの貿易黒字を抱える先進国に市場開放を迫り，先進国における金融自由化・規制緩和が進んだ。開発途上国の貿易取引および資本取引の自由化も不可欠であった。開発途上国側でも，経済発展のための外資獲得のために，競いあって積極的に対外取引の自由化に応じた。1980年代後半から1990年代前半に金融の自由化の波が開発途上国にも押し寄せ，金融グローバル化を加速させる大前提が整った。

3.2　1990年代以降の収支でみた特徴

次に1990年代の国際収支の動向に移ろう。資本移動をネットである収支からみることで，アメリカの経常収支赤字がどのようにファイナンスされたかがわかる。また，対外金融資産の増加額あるいは対外金融負債の増加額といったグロスの資本移動の分析も重要である。グロスの資本取引については，次の3.3で分析する。

図3.1は資本収支の推移をグラフにしたものである。図3.1には，民間と政府との部門別と誤差脱漏の動向も示した。

1990年から1996年までは，政府資本収支がアメリカの貿易赤字ファイナンスに寄与している。政府資本収支の中身は，アメリカ以外の政府・通貨当局による外貨準備のためのドル買いである。1997年のアジア通貨危機後から，

図 3.1 アメリカの資本収支の推移

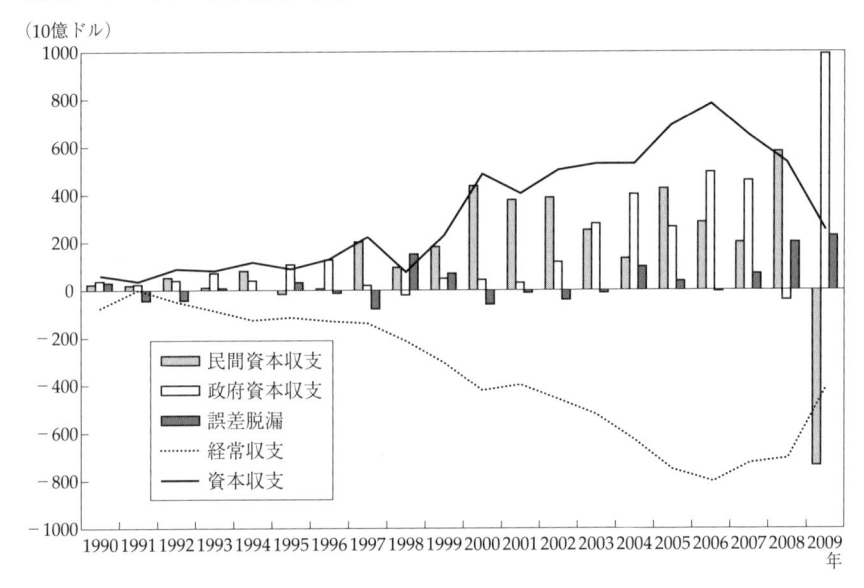

(10億ドル)

凡例:
- 民間資本収支
- 政府資本収支
- 誤差脱漏
- 経常収支
- 資本収支

出所：U.S. International Transactions Accounts Data, Bureau of Economic Analysis, U.S. Department of Commerce より作成。

ニュー・エコノミーを謳歌するアメリカに民間資本が流入し，民間資本収支によって拡大するアメリカの貿易赤字はファイナンスされ，2000年のITバブル崩壊にもかかわらず2002年頃までこの傾向が続いた。2003年から2007年は，対外からの官民双方の流入超過がアメリカの赤字ファイナンスに役立った。市場メカニズムを強調して民間に委ねつつも，公的部門による赤字ファイナンス補完の構造は注目に値する。

なお，アメリカにおいて，誤差脱漏は無視しえないほど大きい年がある。特に，1998年の1490億ドル，2008年と2009年には2000億ドルを超え，国際金融が大混乱に陥ると不透明な国際資金の流れが急増する。

民間部門の投資形態別に関しても大きな特徴がみられる。図3.2から明らかなように，それは1995，96年頃を境に証券投資の比重が大きくなり，民間の国際資本移動の主役の座についたことである。このことは，証券市場が発達しているアメリカの対外資本取引や先進国間資本取引だけの特徴でなく，開発途上

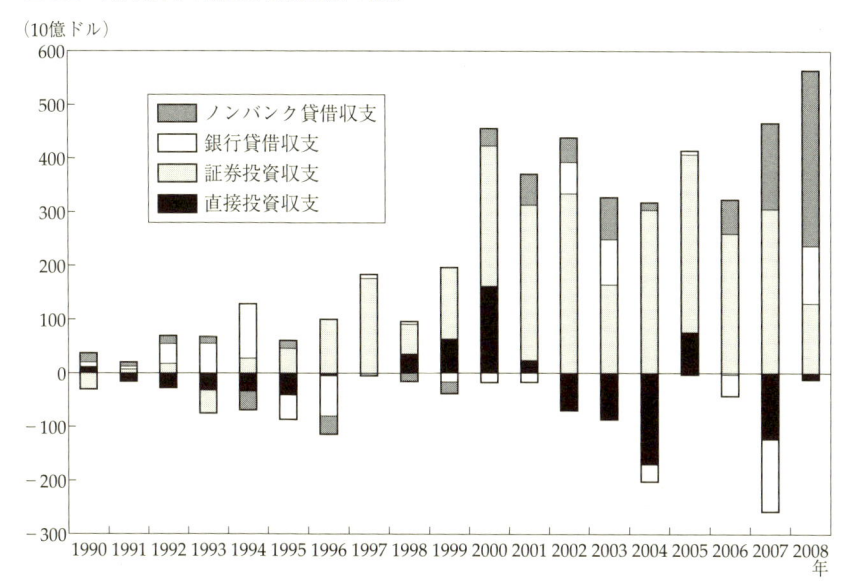

図3.2 民間部門の投資形態別収支の推移

(10億ドル)

凡例:
- ノンバンク貸借収支
- 銀行貸借収支
- 証券投資収支
- 直接投資収支

出所：図3.1と同じ。

国向けについても同様に観察される事実である。また，証券投資の比重の高まりはネットの資本移動だけでなく，次に分析するグロスのそれについてもいえる。

証券投資の増大は他の投資形態に比べて飛躍的に流動性を高める。その結果，国際資本移動における国・地域間および各種資産間での資本の移動性をも高め，株価など資産価格の変動を大きくした[9]。

3.3 1990年代以降のグロス取引の増大

1990年代以降のもう一つの国際資本移動の大きな特徴として，グロス取引が急拡大していることがあげられる。図3.3からわかるように，1980年代とは異なり，1990年代以降には対外負債の増加額（グロスの資本流入）と対外資産の増加額（グロスの資本流出）がともに大きな伸びを示している。しかも，アメ

---

[9] ここでの流動性とは，資産の売買（譲渡）しやすさを意味する。

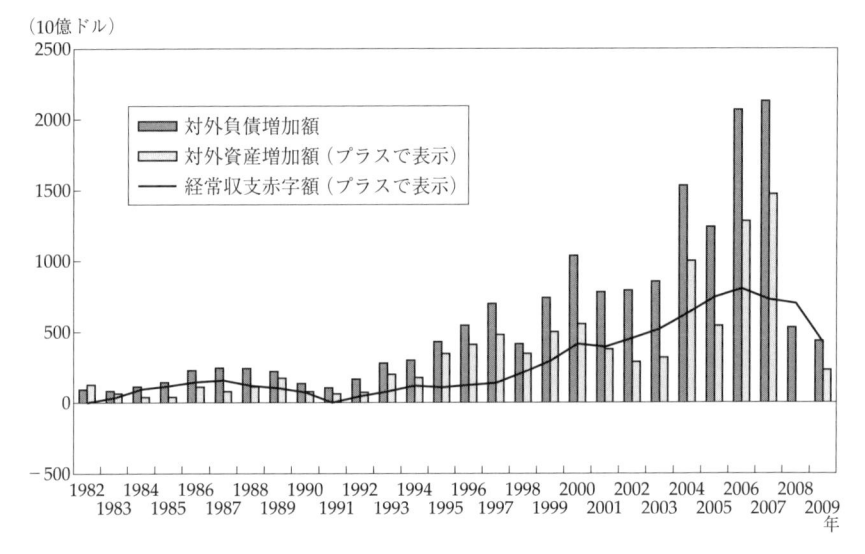

図 3.3　アメリカの対外資産と対外負債の増加の推移

(10億ドル)

凡例:
- 対外負債増加額
- 対外資産増加額（プラスで表示）
- 経常収支赤字額（プラスで表示）

出所：図 3.1 と同じ。

リカは経常赤字をはるかに上回る資金を海外から引き寄せ，対外投資を活発化させてきたのである。すなわち，アメリカへの資本流入は，1980年代の貿易赤字ファイナンスを主目的としたものから，1990年代以降には対外資産負債両建てで世界の金融仲介のための資本流入に変わったのである。

　グロスの国際資本移動の増大とともに，経常収支赤字の変動を大幅に超える資本流出入の変動がおきている。グロス資本移動の変動は，対外投資形態として市場型で流動性の高い証券投資の比率の高まりとグロス取引の増大とが相乗して変動幅を拡大し，その結果として資産価格の変動をさらに大きくする。

3.4　アメリカに資金を環流させる国・地域

　どこの国や地域からアメリカに投資されているのであろうか。この点についても，ネットとグロスの両面からみておこう。

　まず，ネットである収支については，国際収支表作成上の原則から，地域別であっても経常収支と資本収支とが表裏一体の関係にあるので，資本流入は対米貿易黒字国からである[10]。1990年代は，日本の対米貿易黒字を反映して，常

表3.1 アメリカの地域別グロス負債の推移　　　　　　　　　　（単位：10億ドル）

	1999	2000	2001	2002	2003	2004	2005	2006	2007	2008	2009
対外負債増加額	742	1038	783	795	858	1533	1247	2065	2129	534	435
ヨーロッパ	467	660	431	350	263	622	643	930	985	-255	-152
うちイギリス	237	298	188	185	188	423	378	536	568	-300	-98
政府部門	-12	9	2	25	8	44	25	107	84	-14	20
民間部門	479	652	429	325	255	578	618	823	901	-241	-171
アジア太平洋	80	103	133	237	319	437	332	392	452	642	342
うち日本	25	58	50	77	139	238	62	51	66	126	31
うち中国	15	19	39	72	75	125	188	233	260	424	143
政府部門	60	23	18	104	249	311	220	298	280	461	361
民間部門	20	80	115	132	70	127	112	94	172	182	-19
中東	2	16	2	1	8	28	19	55	40	91	7
政府部門	1	2	2	-5	6	16	3	42	2	71	3
民間部門	1	14	0	7	1	12	17	13	20	19	4
LA & OWH	99	206	161	153	215	361	141	615	530	-102	-34
政府部門	-6	8	6	-6	16	25	6	45	89	17	6
民間部門	105	198	155	159	199	337	135	570	441	-118	-40

出所：図3.1と同じ。地域別データより作成。

にアメリカの資本収支黒字額の3割以上を占め，ときには日本単独で5割を超える年さえあった。ヨーロッパ地域は，1994年からアメリカへの資本流入に転じ，1990年代の終わり頃からアメリカ資本収支黒字の15～20％をカバーするようになった。しかし，2000年代になって，様相は一変した。中国および東南アジア諸国と中南米の新興諸国の対米貿易黒字の急速な拡大によって，それらの国ぐにのプレゼンスが大きくなった。特に，中国は2000年にアメリカ資本収支黒字の2割を占めるようになり，2006年には3割，2007年以後4割に達している。

　次に，今日の国際資本取引の実態をより反映するグロス取引によるアメリカへの資本流入の実態でみよう。表3.1から次の四つの点がわかるであろう。

　第1に，ヨーロッパ地域，特にイギリスからの民間の資本流入が圧倒的に大きいことである。

　第2に，2000年代になって，アジア太平洋地域からのアメリカへの資本流入

---

10)　国際収支表については，日本銀行国際収支統計研究会（2000）や松井（2002）を参照。

が急増していることである。2005年以降は中国がその存在感を高めている。アジア地域からの資本流入の他地域との比較での特徴は，政府部門の比重の大きさにある。グロスでみると，アジア太平洋地域における日本と中国の占める割合はネットでみるほどには大きくない。これは，表3.1には明示されていないが，日本と中国を除く東南アジア諸国のアメリカへの投資の反映である。

　第3に，中東諸国であるが，2003年頃から原油価格が上昇したにもかからず，アメリカへの資本流入に占める割合は大きくない。オイル・マネーは直接アメリカに向かうことはなく，スイスやイギリスの銀行に預けられ，その後にユーロ・ドル市場に現れるのである。そうした資金は，オフショア市場を経由してアメリカに環流するのである。

　第4に，LA & OWH というのはラテンアメリカとその周辺諸国のことであるが，重要なのは「タックスヘブン」となっているバーミューダーなどのカリブ海の島々の国や地域である。アジアを凌駕するほどのアメリカへの資本流入の根拠は，さきほどのオフショア金融取引を担う地域の存在にある。オイル・マネーなどを含めて豊富なドル資金がロンドンのユーロ・ドル市場などに集まり，さまざまなオフショア市場を経由して，最終的にアメリカに環流するのである。

4　アメリカに環流する理由

　なぜアメリカは，世界中から巨額の資本流入を呼び込むことができるのであろうか。いかにアメリカが強権な国であるとしても，「投資しないと共倒れする」という脅しで，アメリカ以外の国の民間投資家の行動を縛りつけることはできない。民間の投資家がアメリカに投資するのは，それによって主に次の三つの利益が得られるからである。

4.1　相対的な金利格差の維持

　第1に，国内あるいはアメリカ以外の国に投資するよりも相対的に高い投資収益率を獲得できることである。リスクの問題がないとすれば，投資家は，投資可能なあらゆる資産の収益率を比較して，高い方から順に投資する。図3.4

第3章　アメリカの赤字ファイナンスと金融グローバル化　71

図3.4　主要国の長期国債利回りの推移

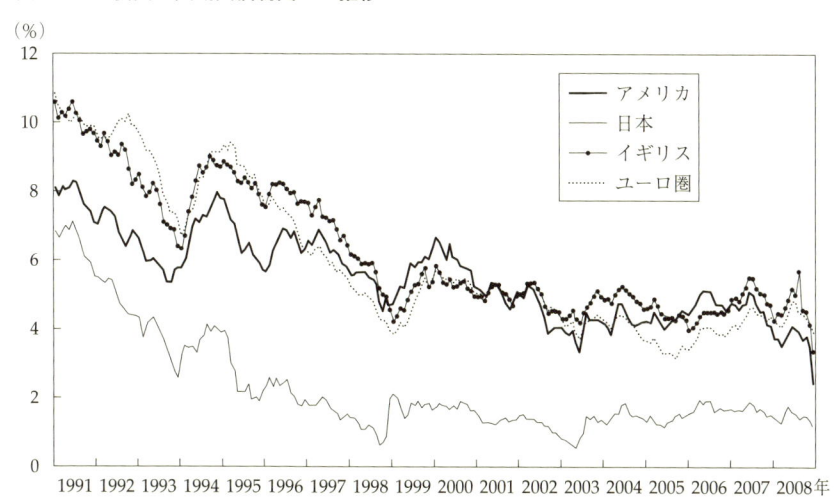

出所：International Financial Statistics, IMFデータより作成。

図3.5　政策金利とドルの実質実効レートの推移

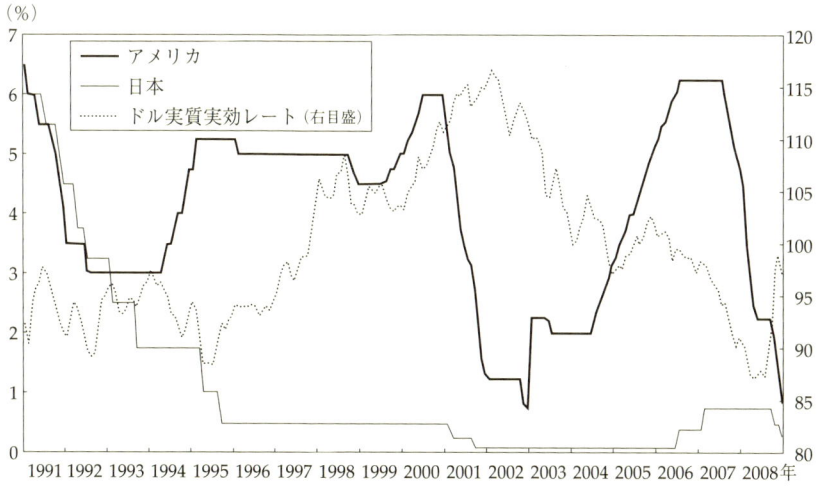

出所：図3.4と同じ。

に示したように，主要国・地域の長期国債利回りは，イギリスやユーロ圏と比較するとアメリカ国債の利回りがやや下回ることはあるが，日本の国債との間に常に1.5～2％程度の金利格差が存在し続けている。さらに，絶対的な高金利政策は，アメリカの景気に悪影響がおよぶし，景気悪化の際には金融緩和が必要となる。つまり，アメリカの立場からすれば，絶対的にではなく相対的に見劣りしないか，より高い利子率を維持すればよいのである。

図3.5は日米の政策金利（短期金利）の推移であるが，アメリカは，ITバブル崩壊後の景気対策として政策金利を6.5％から十数回にわたって1％にまで引き下げた。それでもまだ，量的緩和政策をとり，実質的にゼロ金利状態が続いた日本との間で金利差を確保できたのである。

例示したのは長期国債金利と短期金利であるが，その他にもアメリカが収益率を諸外国より相対的に高く維持できる金融資産は数多い。アメリカは，国債金利や短期金利だけでなく，その他多くのアメリカ金融資産の収益率の相対的な高さを利用するのである。

4.2 ドル価値の安定化とドル高政策

現実の対外投資には，信用リスクや為替リスクなどのリスクがある。アメリカ以外の国の投資家にとって，アメリカへの投資の予想収益率は，投資資産自体の収益率に加えて，信用リスクと為替リスクを考慮した次式で表される。

アメリカへの投資収益率＝投資収益率＋リスクプレミアム

＋為替減価率　　（3.1）

信用リスクや市場リスクが高まれば，投資家はより高いリスクプレミアムを要求する。対外投資の場合には為替減価率も重要となる。たとえば日本からアメリカへの投資であれば，為替レートが1ドル＝100円から，1ヵ月後に1ドル＝101円へと変化（1円のドル高・円安）するだけで，年率換算の為替減価率は12％にもなる。

図3.5に示されたドルの実質実効レートの推移をみてみよう[11]。1990年代前

---

11) 実質実効レートは，アメリカのすべての貿易取引国との為替レートを貿易ウエイトで加重平均し，かつそれらの国々のインフレ率も考慮した為替レートである。基準年を100として，値の上昇がドル高を示す。

半のドル安で推移するが，1996年から2003年の8年間にわたって，ドル高が進行した。為替減価率はプラスに保たれ，アメリカに投資した対外投資家は，大きな為替差益によるキャピタル・ゲインを享受した。このドル高の背景には，1995年からの「逆プラザ合意」と呼ばれるドル高政策，5～6％台に維持された政策金利（日米金利差の大幅な拡大）および株価上昇による高い株価収益率に支えられていた。すなわち，アメリカ以外の投資家が対米投資した第2の理由は，為替差益やアメリカの株価の値上がり益といったキャピタル・ゲインによる収益である。

4.3 金融業における絶対的な国際競争力の維持

　第3の理由が，金融業における世界的な絶対優位の確立である。1970年代以降に，アメリカの金融機関は，世界各国に先立って不断の金融イノベーションを通じて，新しい金融商品と金融サービスを次つぎと提供してきた。金融自由化による金融リスクに対処するためのデリバティブや債権を証券化するサービスなどである。

　世界的な証券取引の活発化を背景に，米大手投資銀行と米系ヘッジファンドがその推進役となった。これらの金融機関は，新しい金融商品と高度な金融技術やサービスを武器にして，アメリカに資本を流入させた。それとともに，かれらは世界的な視野で国際分散投資を推進して，世界の投資家に投資収益をもたらしたのである。

　以上三つの民間投資家にとってのメリット以外に，忘れてはならないのがアメリカ以外の国の公的部門の貢献である。

　アメリカへの輸出によって成長を遂げるアメリカ以外の国は，なんとしてもアメリカを支えなければならない。かつ，事実上のドル・ペッグ政策を採用してでも，自国の輸出競争力を保つためにドルを買い支えなければならない。自国が通貨危機に陥らないためにも，外貨ドルを豊富に保有する必要に迫られる。また，民間部門による調整が不十分であるときには，公的部門によってサポートする必要がある。ドルの実質実効レートは2003年からドル安に転じた（図3.5）。図3.1でみたように2003年以降，新興国による外国為替介入がアメリカの赤字ファイナンスに寄与したが，まさにそれは中国などの新興諸国がド

ル価値の低下を防ごうとしたことの現れである。とりわけ，東アジア諸国の介入額は大きく，2002年から2004年春までは日本，その後は中国を中心に日本を除く東アジア諸国がドル買い介入し，2005年には東アジア諸国の外貨準備高が約2.5兆ドルに達した。これに対して，中国などの新興国のドル買い介入が為替レート調整による市場メカニズムの機能を低下させ，グローバル・インバランスの原因になっているというのが，アメリカ側の主張である。

参考文献
秋山誠一・吉田真広（2008）『ドル体制とグローバリゼーション』駿河台出版社。
奥田宏司（1996）『ドル体制と国際通貨』ミネルヴァ書房。
上川孝夫・藤田誠一・向寿一編（2007）『現代国際金融論（第3版）』有斐閣。
日本銀行国際収支統計研究会（2000）『入門国際収支』東洋経済新報社。
萩原伸次郎・中本悟（2005）『現代アメリカ経済』日本評論社。
松井均（2002）『銀行原理と国際通貨システム』勁草書房。
山本栄治（1997）『国際通貨システム』岩波書店。
山本栄治（2002）『国際通貨と国際資金循環』日本経済評論社。
J. L. イートウェル・L. J. テーラー（2001）『金融グローバル化の危機』（岩本武和・伊豆久訳）岩波書店。

（伊藤国彦）

第4章　企業の多国籍化とグローバリゼーション

　経済の国際化・世界化は，長い年月をかけてその性質を変化させながら進展してきた。こうした経済のグローバル化は主に貿易の拡大とともに進展してきたが，企業の多国籍化が活発におこなわれる現代においてはより複雑な現象となった。企業は，本国よりも外国に生産・販売拠点をおくことで，より合理的に活動ができると考えた場合，直接投資をおこなう。現在では，こうした貿易や多国籍企業による直接投資の拡大が，経済のグローバル化を深化・発展させ，各国の産業構造までをも変化させるようになった。企業の多国籍化，直接投資の増加は，いまや国際的な生産・分業形態を変化させ，各国間の経済連関を緊密化させる重要な要因なのである。本章では，こうした企業の海外進出行動（すなわち直接投資）と経済のグローバル化とのかかわりについて考える。そして，現在の多国籍企業が世界的視野での利潤獲得行動をおこなっていること，直接投資が個々の企業にとっての利潤獲得手段であるとともに，その源泉となる世界利潤の拡大を生じさせる要因ともなりうることを指摘する。

1　多国籍企業と直接投資

　多国籍企業とは，文字通り，複数の国家にまたがって生産・販売活動をおこない，国際的に発展しようとする企業のことである。それらは，国ごとに異なる法制度や経済環境に対応しつつ，世界的視野で利潤拡大に努めている。本節では，こうした多国籍企業の行動や，現代の巨大企業の特徴などについて確認することから始める。

1.1　多国籍企業とは
　多国籍企業は，資金調達から生産・販売，そして資金回収といった一連の工程を世界的視野のもとでおこなっている。それゆえ，多国籍企業による海外への進出形態も，その目的に応じて多様化している。例えば，投資先の国に新た

表 4.1　世界大企業ランキング (2005年)

順位	社名 (グループ名)	国籍
1	Wal-Mart Stores	アメリカ
2	BP	イギリス
3	Exxon Mobil	アメリカ
4	Royal Dutch／Shell Group	イギリス／オランダ
5	General Motors	アメリカ
6	Daimler Chrysler	ドイツ
7	Toyota Motor	日本
8	Ford Motor	アメリカ
9	General Electric	アメリカ
10	Total	フランス
11	Chevron Texaco	アメリカ
12	ConocoPhillips	アメリカ
13	AXA	フランス
14	Allianz	ドイツ
15	Volkswagen	ドイツ
16	Citigroup	アメリカ
17	ING Group	オランダ
18	Nippon Telegraph & Telephone	日本
19	Amerian Intl. Group	アメリカ
20	Intl. Business Machines	アメリカ

出所：Fortune Global 500, The World's Biggest Companies (2005) データより作成 (http://money.cnn.com/magazines/fortune)。

に法人を設立する (グリーンフィールド投資とよばれる) 場合もあれば, すでに存在している現地企業と株式の取得・交換をおこなうことで提携を結ぶ, あるいは買収する (一般に, M&A とよばれる) 場合もある。また, 管理体制の面からみた場合, 海外子会社にある程度の自主的な経営権を与えるという分権的な経営体制をとっている企業もあれば, ほとんどの意思決定を本社が統一的におこなうという集権的体制をとる企業もある。多国籍企業の規模もさまざまである。もちろん巨大企業のみが海外進出・多国籍化しているわけではないが, やはり巨大企業のもつ政治・経済への影響力は強大である。

　企業の多国籍化は, 1960年頃から本格的に展開されるようになった。そして, そのほとんどがアメリカの巨大企業によるものであり, 当時の世界市場における支配力は強大であった。そして, この傾向は最近まで続く。表4.1, 表4.2 は,

表 4.2 世界大企業ランキング（2010年）

順位	社名（グループ名）	収益（億ドル）	従業員数（千人）	国籍
1	Wal-Mart Stores	4,082	2,100	アメリカ
2	Royal Dutch Shell	2,851	101	オランダ
3	Exxon Mobil	2,847	103	アメリカ
4	BP	2,461	80	イギリス
5	Toyota Motor	2,041	321	日本
6	Japan Post Holdings	2,022	229	日本
7	Sinopec	1,875	633	中国
8	State Grid	1,845	1,534	中国
9	AXA	1,753	103	フランス
10	China National Petroleum	1,655	1,650	中国
11	Chevron	1,635	64	アメリカ
12	ING Group	1,632	107	オランダ
13	General Electric	1,568	304	アメリカ
14	Total	1,559	96	フランス
15	Bank of America Corp.	1,505	284	アメリカ
16	Volkswagen	1,462	369	ドイツ
17	ConocoPhillips	1,395	30	アメリカ
18	BNP Paribas	1,307	182	フランス
19	Assicurazioni Generali	1,260	85	イタリア
20	Allianz	1,260	153	ドイツ

出所：Fortune Global 500, The World's Biggest Companies（2010）データより作成。

Fortuneによる世界大企業ランキングであり，収益（Revenue）額の大きさで順位付けされている。

2005年のランキング（表4.1）に注目しよう。このランキングの対象は多国籍企業のみに限定されてはいないものの，ランキング上位企業のほとんどが多国籍企業である。そして，上位20位までのうち10社をアメリカ企業が占めている。上位10社に限っても，半数の5社がアメリカ企業であった。他には，ドイツ企業が3社，日本，イギリス，フランス，オランダの企業が各2社ランクインしているが，そのほとんども多国籍事業展開をおこなっている企業である。ここから，世界市場における巨大多国籍企業の支配力の大きさがうかがえると同時に，その多くがアメリカ企業であったことがわかる。

しかし最近になって，アメリカ企業の相対的地位の低下が目立つようになってきた。2010年のランキング（表4.2）をみると，上位20社のうちアメリカ企

業は6社しかない。しかも，上位10社中ではわずか2社である。データはあげていないが，2009年のランキングでは，上位20社のうちアメリカ企業は7社（上位10社中，4社がアメリカ企業）であった。上位企業に占めるアメリカ企業の割合が徐々に低下している。この間，日本とヨーロッパの企業ランキングにはあまり変動がないが，注目すべきは，2010年の上位20社に中国企業が3社もランクインしている点である[1]。近年における東アジア経済の急成長にともない，当該地域の企業も急激にその力を伸ばしつつある。このように，他国企業の追い上げによって，アメリカ企業の支配力がかつてほど絶対的なものではなくなったようである。上位企業の業種としては，やはり石油精製・販売や自動車会社が目立つが，加えて小売業や通信などのサービス多国籍企業も上位にランクインしている。近年，こうしたサービス多国籍企業の台頭は顕著である。この動向は，サービス部門における貿易と直接投資の自由化が国際通商問題として注目されるきっかけともなった。

　次に，各国別の企業ランキングをみてみよう。表4.3は，本章で特に注目するアメリカ，日本，中国の大企業ランキング（2010年）である。

　各国の上位10企業をみると，1社あたりの収益額ではアメリカ，日本，中国いずれの企業もそれほど大差はない。すなわち，アメリカ以外の多国籍企業もかなり巨大化しており，この点からも個々のアメリカ企業の相対的な支配力低下が確認できる。とはいえ，アメリカ多国籍企業全体での支配力は依然として強い。これは，アメリカ企業の上位10社とも，世界の上位30社に入っていることから明らかである（国内10位の Hewlett-Packard が全体の26位）。これに対して，日本ではトヨタと日本郵政以外は，世界の上位30社にも入っていない。世界の上位50位まででも，NTT（31位）と日立（47位）が入るにすぎない。中国では，石油関連企業3社の収益額のみがとびぬけて大きく，国内第4位の China Mobile Communications でも全体の77位である。すなわち，個々のアメリカ多国籍企業の市場支配力は相対的に弱体化しつつあるものの，他国と比べればその数は圧倒的に多く，アメリカ企業全体で握っている世界のマーケッ

---

1) ただし，その多くは石油関連企業であり，それ以外の分野では，中国企業はまだそれほど大きく成長していないようである。

表 4.3 国別大企業ランキング（2010年）
アメリカ

順位	全体順位	社名（グループ名）	収益（10億ドル）
1	1	Wal-Mart Stores	408
2	3	Exxon Mobil	285
3	11	Chevron	164
4	13	General Electric	157
5	15	Bank of America Corp.	150
6	17	ConocoPhillips	140
7	21	AT&T	123
8	23	Ford Motor	118
9	25	J.P. Morgan Chase & Co.	116
10	26	Hewlett-Packard	115

日本

順位	全体順位	社名（グループ名）	収益（10億ドル）
1	5	Toyota Motor	204
2	6	Japan Post Holdings	202
3	31	Nippon Telegraph & Telephone	110
4	47	Hitachi	97
5	51	Honda Motor	92
6	63	Nissan Motor	81
7	65	Panasonic	80
8	69	Sony	78
9	75	Nippon Life Insurance	72
10	89	Toshiba	69

中国

順位	全体順位	社名（グループ名）	収益（10億ドル）
1	7	Sinopec	188
2	8	State Grid	184
3	10	China National Petroleum	165
4	77	China Mobile Communications	72
5	87	Industrial & Commercial Bank of China	69
6	116	China Construction Bank	58
7	118	China Life Insurance	57
8	133	China Railway Construction	52
9	137	China Railway Group	51
10	141	Agricultural Bank of China	50

出所：Fortune Global 500（2010），Countries（U.S., Japan, China）データより作成。

トシェアはまだまだ大きいのである。

1.2 直接投資の定義と性質

こうした多国籍企業の海外事業展開は，主に直接投資を通じておこなわれる。ここで，直接投資の定義を確認しておこう。直接投資は，民間部門における長期の国際資本移動という性質をもち，投資先企業の経営支配・参加を目的とした行為として捉えることができる。なお，直接投資には，自国内の企業が海外に対しておこなう「対外直接投資」と，外国企業が国内に対しておこなう「対内直接投資」とがある。国際通貨基金（International Monetary Fund; IMF）の国際収支統計によれば，直接投資とは，居住者による非居住者企業（子会社，関連企業等）に対する永続的権益の取得を目的とする国際投資とされる。また，株式等の取得を通じた出資をおこなっている場合には，外国投資家が，対象となる国内企業の発行済み株式総額のうち10％以上を取得した場合に直接投資とされる。簡単にいえば，「証券投資」が，投資家・投機家による国際証券投資や金融機関による国際的融資・貸借，外貨預金といった国際貸借という性質の強い現象であるのに対して，直接投資は，企業の海外進出にともなう国際的な資本の移動と捉えることができる。これは実物資本の国際的な再配分という特徴をもっている。

また，法制度上における直接投資の定義は次のようなものである。この定義は国ごとに異なるが，例えば日本の場合，「外国為替及び外国貿易法」の第23条第2項によって次のように定められている[2]。「対外直接投資」とは，「居住者による外国法令に基づいて設立された法人の発行に係る証券の取得若しくは当該法人に対する金銭の貸付けであつて当該法人との間に永続的な経済関係を樹立するために行われるものとして政令で定めるもの又は外国における支店，工場その他の事業所（支店等）の設置若しくは拡張に係る資金の支払をいう」[3]。なお，この外為法の規定を実施するために制定された「政令」である「外国為替令」の第12条には，「対外直接投資の届出」に関する事項が記載されている

---

2) 詳しくは，総務省の「法令データ提供システム」を利用するのが便利である（http://law.e-gov.go.jp/cgi-bin/idxsearch.cgi）。

が，ここで述べられている対外直接投資（届出統計）の定義は，おおむね次のように要約しうる。

(1) 当該居住者によって所有される外国法人の株式の数または出資金額が，当該外国法人の発行済み株式の総数もしくは出資金額の10％以上を占める場合（およびこれに準ずる場合として財務省令で定める場合に該当する場合）における，当該外国法人の証券の取得。

(2) 当該居住者によって所有される外国法人の株式の数または出資金額が，当該外国法人の発行済み株式の総数もしくは出資金額の10％以上である外国法人（およびこれに準ずるものとして財務省令で定める外国法人）の証券の取得，またはこれらの外国法人に対する金銭の貸付[4]。

(3) 上記(1)，(2)のほか，当該居住者との間において役員の派遣，長期にわたる原材料の供給その他の財務省令で定める永続的な関係がある外国法人の証券の取得，または当該外国法人に対する金銭の貸付。

法制度上の定義では，対外直接投資には役員の派遣や長期にわたる原材料の供給などといった資本以外の永続的関係も含まれており，IMFの統計基準に比べると直接投資の範囲が広く捉えられている[5]。

2 直接投資の動向と経済効果

2.1 世界の直接投資動向

ここまでの説明で，多国籍企業や直接投資についての大まかなイメージはつかめたであろう。以下では，こうした多国籍企業によっておこなわれる直接投

---

3) 本文中にある「居住者」とは，外為法第6条第5号において次のように定義されている。「本邦内に住所又は居所を有する自然人及び本邦内に主たる事務所を有する法人をいう。非居住者の本邦内の支店，出張所その他の事務所は，法律上代理権があると否とにかかわらず，その主たる事務所が外国にある場合においても居住者とみなす」。本文中の「(支店等)」という表記は筆者により簡略化されたものであり，原文には「(以下「支店等」という。)」と表記されている。

4) ここでの「金銭の貸付」は貸付期間が1年を超えるものに限られる。

5) 法制度上の直接投資の定義と統計上のそれとは完全に同一とはいえないものの，本章での議論においては，両者の違いをそれほど気にする必要はない。

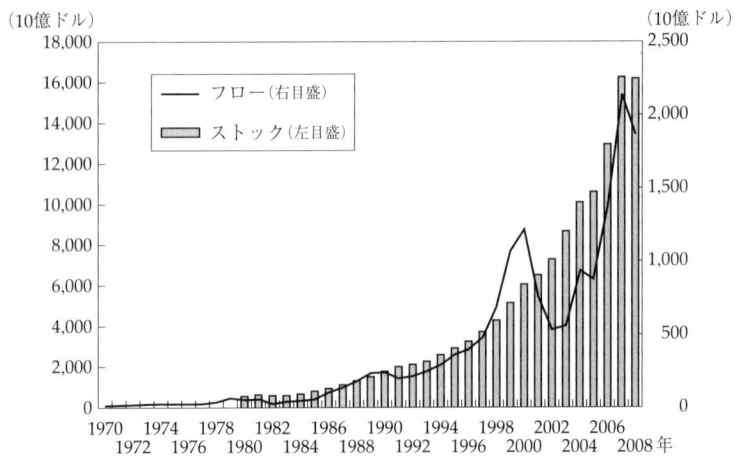

図4.1 世界の対外直接投資動向

出所：World Investment Report 2009, UNCTAD データより作成（http://www.unctad.org）。

資の動向を具体的に確認しよう。図4.1は，1970年以降における，各国からの対外直接投資（FDI Outward）総額の推移である。

世界の直接投資（フロー）は，1980年代半ばから急増期に入り，90年代にその増加傾向をいっそう強めた。その後，アメリカでITバブルが崩壊した2000年をピークにいったん減少するものの，2003年以降は再び急激に回復している。金額でみると，1970年には140億ドル，1980年には510億ドル程度の水準であったものが，1990年には2400億ドル，2008年には1兆8600億ドル近くまで増加している。1970年から2008年までの40年足らずの間に，世界の直接投資総額は130倍以上にも膨れ上がった計算になる。こうしたフローでの直接投資の増加によって，世界の直接投資ストックも一貫した増加傾向をみせている。世界経済に占める直接投資の重要性が，今後もますます増加するであろうことは，ここから容易に想像できる。

さらに，先進国と開発途上国に区別してみてみよう。図4.2は，先進国および開発途上国による対外直接投資の動向である。

先進国による直接投資は，世界全体（図4.1）とほぼ同様の推移をみせている。また，その規模（金額）に注目すれば，世界の対外直接投資の大半がいまだ先

図 4.2　先進国および開発途上国の対外直接投資動向

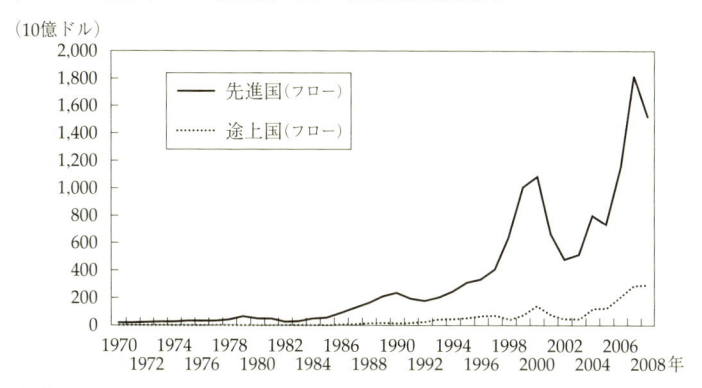

(10億ドル)

凡例：先進国（フロー）、途上国（フロー）

出所：図4.1と同じ。
注：「先進国」および「途上国」の定義は，UNCTADの分類にしたがっている。詳しくは，Country and Territory Distribution, UNCTADを参照のこと。

図 4.3　先進国および開発途上国の対内直接投資動向

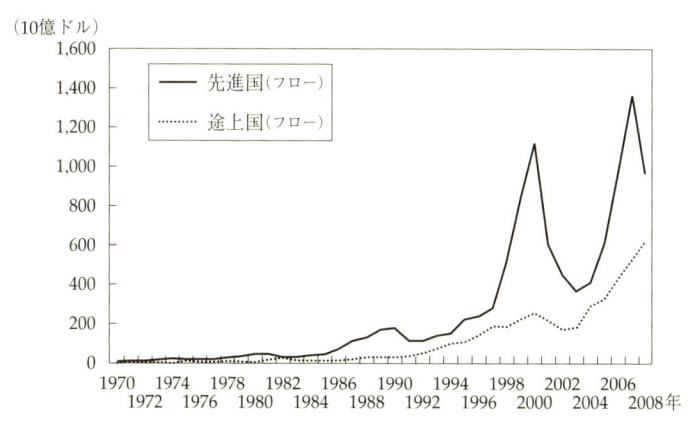

(10億ドル)

凡例：先進国（フロー）、途上国（フロー）

出所：図4.1と同じ。

進国によるものであることが理解できるであろう。ただし，世界に占める開発途上国の直接投資の割合が1990年代に入ってからかなりのペースで増加を続けていることに注意しておきたい。1990年の対外直接投資額は，先進国が2270億ドル，途上国が120億ドル，すなわち途上国の対外直接投資額は先進国の5％程度であった。これに対し2008年では，それぞれ1兆5000億ドル，2900億ドル

図 4.4　地域別の直接投資受入額

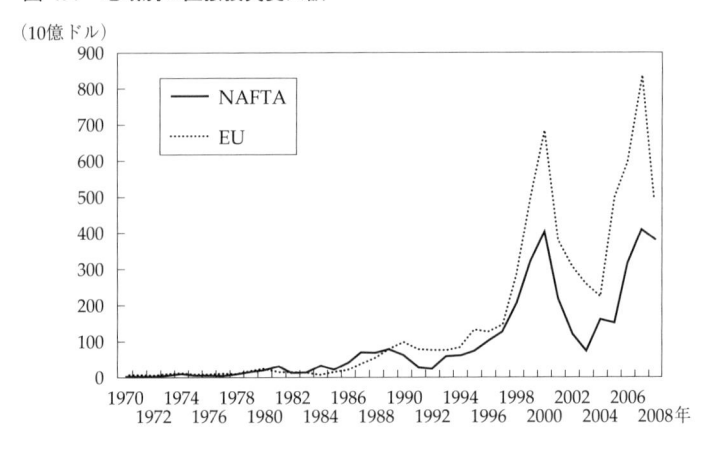

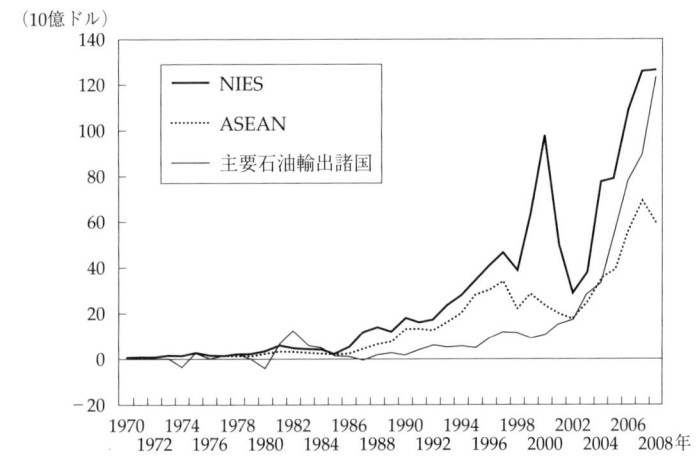

出所：図 4.1 と同じ。
注：地域の定義は，UNCTAD の分類にしたがった。

であり，途上国による投資額は先進国の20％弱の水準にまで伸びている。

次に，対内直接投資総額（FDI Inward）の動向も確認しておこう。図 4.3 から，先進国，途上国いずれの投資受け入れも対外直接投資と同様の推移をみせていることがわかる。

ただし，開発途上国の対内直接投資の伸びは，対外直接投資の伸びを大きく上回っている。2008年における先進国の直接投資受入額が9600億ドルであるの

に対し，途上国のそれは6200億ドルと接近している。開発途上国への直接投資流入の規模が先進国にかなり近づいてきたことがわかる。すなわち，これまでは先進国から先進国への直接投資が中心であったが，近年では，先進国からの直接投資が先進国，途上国のいずれにも向かう傾向が強まったということである。

では，どのような地域に，直接投資が多く流入しているのであろうか。図4.4は，地域別（NAFTA，EU，NIES，ASEAN，主要石油輸出諸国）の直接投資受入状況である。

NAFTAやEUなどの先進地域の投資受入金額は依然として高いものの，NIESやASEAN地域の受入額もかなり増加している。また，石油輸出諸国の伸びにも注目すべきである。当該地域の投資受入額は2000年代に入ってから急増し，2008年時点ではNIESとほぼ同額の水準にまで達している。これらから，直接投資の受入国として，特にアジア地域や石油輸出国の重要性が徐々に高まってきていることが確認できる。

2.2　直接投資の経済効果

直接投資の増加が，世界的なトレンドであることはすでに確認した。では，こうした直接投資の増加は，投資国や投資受入国の経済にどのような影響をおよぼすのであろうか。本節では，直接投資の主な経済効果についてまとめておこう。

産業空洞化

投資国経済への影響のうち，最も懸念されるのが空洞化の問題である。多国籍企業による国内生産から海外生産への転換が，国内の設備投資を減少させ，国内製造業の生産・雇用水準を引き下げるのではないかという懸念である。また，海外生産への傾注は，逆輸入の増加や製造業の国際競争力の低下を引き起こすことで，投資国の経常収支を悪化させるとの指摘もある。

「産業空洞化」の定義は論者によって微妙に異なるものの，おおよそ次のようなものである。広義には，経済構造の高度化につれて第三次産業の比重が高まる「脱工業化（Deindustrialization）」いわゆるサービス経済化のことを指し，狭義には，直接投資による海外への生産移管によって国内の製造業部門が縮小，弱体化することとされる[6]。ここでいう製造業部門の縮小，弱体化とは，国際

表 4.4　業種別の海外生産比率（製造業）

	1989年度	2008年度
製造業	5.7	30.4
食料品	1.3	14.1
繊維	1.3	22.5
木材紙パルプ	1.9	16.9
化学	3.8	27.7
石油・石炭	0.1	1.3
窯業・土石	—	28.9
鉄鋼	5.3	17.2
非鉄金属	6.4	22.3
金属製品	—	23.4
はん用機械	—	24.8
生産用機械	—	27.1
業務用機械	—	29.5
電気機械	11.0	20.4
情報通信機械	—	38.5
輸送機械	14.3	45.4
その他の製造業	3.1	30.5

出所：第27回海外事業活動動向調査，第39回海外事業活動基本調査より作成。

注：1) 海外進出企業ベースの海外生産比率を，現地法人売上高／(本社企業売上高＋現地法人売上高)×100として計算した。
　　2) 表中の業種は，2008年度を基本に記載している。1989年度は，「一般機械」，「精密機械」がそれぞれ3.8％，5.4％であった。

競争力の低下による貿易収支の悪化や設備投資の低落，生産水準の下落および失業の増大などである。

ここで，日本を例にあげて直接投資と空洞化の関係について考えてみよう。2008年度における，日本の国内全法人ベースの海外生産比率（製造業）は約20％である[7]。この比率は，「現地法人売上高／(国内法人売上高＋現地法人売上高)×100」で定義されているから，日本企業（現地法人含む）の売上げの約5分の1が現地法人によるものだということになる。また，業種別にみた海外進出企業ベースの海外生産比率（製造業）は表4.4の通りである。ここから，日本の製造業のすべての業種において海外への生産シフトが劇的に進展していることが容易にうかがえる。特に注意したいのは，電気，情報通信，輸送を含む機械分野の海外生産比率が高いことである。これらの分野はいずれも，これまで日本の経済成長を支えてきた製造業の主要業種であり，現在も高い国際競争力をもつ比較優位産業である。このような主要業種において海外への生産シフトが長期的に続けば，それが国内経済の停滞要因となり，やがて産業空洞化を引き起こす可能性は高いと考えられる。

---

6) 原 (1992) では，ほかに研究開発活動の低迷を通じて経済全体のダイナミズムを喪失することなども「製造業部門の弱体化」を示す指標に含めている。

7) 現地法人売上高は「第39回海外事業活動基本調査——平成20 (2008) 年度実績——（経済産業省，http://www.meti.go.jp)」，国内法人売上高は「平成20年度法人企業統計調査（財務省，http://www.mof.go.jp)」による。

表 4.5　直接投資による貿易への影響

輸出代替効果	海外現地法人の製造品が，投資国の完成品輸出を代替する効果。投資国にとっては輸出減少の要因となる。
輸出誘発効果	現地生産設備等の資本財供給や部品等の中間財供給を誘発する効果。投資国の輸出を増加させる効果を持つ。
逆輸入効果	現地法人で生産された財が投資国に輸出される効果。投資国輸入の増加要因となる。
輸入転換効果	生産移管の進展によって，投資国内での生産に投入する原材料等の輸入量が変動する効果。投資国輸入への効果は確定的ではない。

貿易への影響

　直接投資の増加は，企業の生産・販売形態の変化を通じて貿易面にもさまざまな影響をおよぼすとされる。直接投資による貿易への影響として，一般には表4.5のようなものが考えられている。

　海外への生産シフトが，貿易を通じて投資国経済に影響を与える場合には，これら四つの効果が複合的に作用すると考えられる。とりわけ，輸出代替効果や逆輸入効果は，投資国の貿易収支を悪化させると考えられるため，投資国経済を縮小させる要因となることが懸念される。こうした貿易収支や経常収支の動向に対する不安も，先に述べた産業空洞化に対する懸念と結びつくようである。実際に，1970年代以降のアメリカのように，製造業の競争力が低下する中で貿易赤字が恒常化し，空洞化が進行した経験を持つ国も存在する。したがって，主要輸出財の競争力低下が，長期的に国内産業の空洞化につながることは十分に考えられるといえる。

経済成長の牽引

　以上の効果は，主に直接投資が投資国経済におよぼす効果であった。では，受入国経済に対しては，どのような影響を与えるのであろうか。すでに述べた通り，直接投資は基本的に経営支配を目的としたものであるから，証券投資とは違い長期的かつ安定的におこなわれる。特に，現地生産がその主な目的である場合には，現地での生産・雇用が増加するだけでなく，投資企業が保有している優れた経営資源（生産技術や経営ノウハウなど）の移転までもがおこなわれるから，受入国は，直接投資を経済成長のための有効な手段として期待をよ

せる。また，現地での再投資をおこなう企業も多く，その点でも，受入国の経済成長を促す要因となる。このため，開発途上国の多くは，優遇措置をとってまでも直接投資を受け入れようとするのである。

ただし問題もある。現在の多国籍企業は資金調達からその回収，税の支払いまでの一連の工程を世界規模でおこなっている。こうした多国籍企業の多くは現地市場において強い競争力を発揮できる企業である。したがって，直接投資が一国の経済成長をいかに牽引しうるとはいえ，国内企業が淘汰される可能性があることも忘れてはならない。直接投資は受入国の経済発展に貢献することを目的としているわけではない。その本質は，あくまで企業の利潤獲得行動なのである。

一国の経済成長・発展が永続することはない以上，投資先国の経済成長はいずれ鈍化する。その際，投資先国に利潤獲得機会がなくなったと判断すれば，多国籍企業は他の機会を求めて新たな投資先へとシフトしていく。すなわち，直接投資は証券投資ほど不安定ではないものの，永続的に経済発展に寄与するわけでもない。現地での利潤獲得機会の低下とともに，海外現地法人の整理・統合，規模縮小，撤退などがおこなわれるのである。したがって受入国にとっては，投資を受け入れている間に，国内企業・産業をいかに成長させるかが，その後の経済発展にとって重要なポイントとなる。

3　世界利潤とアメリカの多国籍企業

3.1　アメリカ企業の直接投資

企業の海外進出・多国籍化は，1960年頃からアメリカ企業によって本格的におこなわれるようになった。図4.5は，アメリカの対外および対内直接投資の推移である。

アメリカの民間企業による直接投資は，1960年頃まではそれほど大規模におこなわれていなかった。ただし，原油や一次産品などの確保を目的とした対外直接投資が中東や中南米諸国に，地理的に近い隣国のカナダには紙・パルプや自動車などの分野で直接投資がすでにおこなわれていた。1960年代当時のアメリカ企業による直接投資は，主に資源確保目的であった。

図 4.5 アメリカの直接投資動向

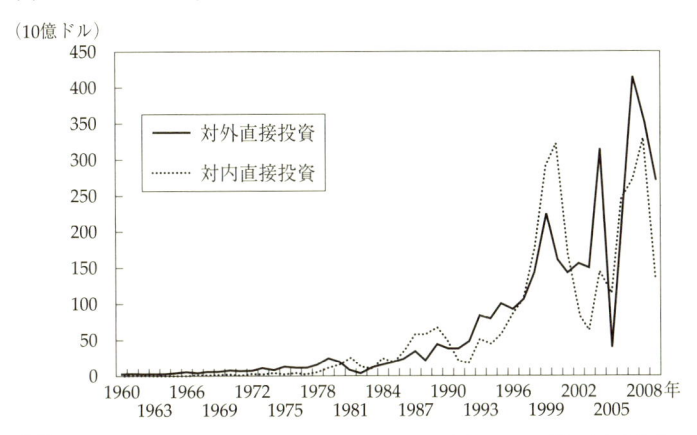

出所：Bureau of Economic Analysis, U.S. Department of Commerce データより作成
〈http://www.commerce.gov〉。
注：1982年の前後で，統計の連続性はない。

　しかし，ヨーロッパで EEC（欧州経済共同体）が発足すると，アメリカ企業の多国籍化戦略はその方向性を変えていく。EEC の関税障壁を乗り越えるために，製造業を中心に現地販売を目的とした直接投資がおこなわれるようになったのである。企業の多国籍化がさらに進むと，アメリカ国内で生産した財の現地販売拠点を設けるという方式から，現地生産・現地販売に切り替える企業が増加した。この現地生産の開始にともなって，資本や労働，技術などの生産要素を現地調達によってまかなう割合も増加した。特にヨーロッパ諸国は，中南米諸国などと比べて生産技術の水準が高いために，品質の高い中間財や部品を現地で調達することが可能であった。このように，1960～70年代までのアメリカ企業による直接投資は製造業を中心としたものであり，その大半が現地生産を目的としたグリーンフィールド投資であった。

　1980年代に入ると，アメリカ製造業の停滞とともに対外直接投資の伸びも鈍化する。一方で，対内直接投資は，1985年のプラザ合意以降の急速なドル安の進行によって急増した。1990年代初頭には，アメリカの対内直接投資はいったん減少傾向をみせるが，その後はアメリカ経済の好調を背景に，対外，対内投資とも2000年まで続く急増期を迎える。1990年代における，アメリカ対外投資

図 4.6 アメリカのM&A（購入）総額

(10億ドル)

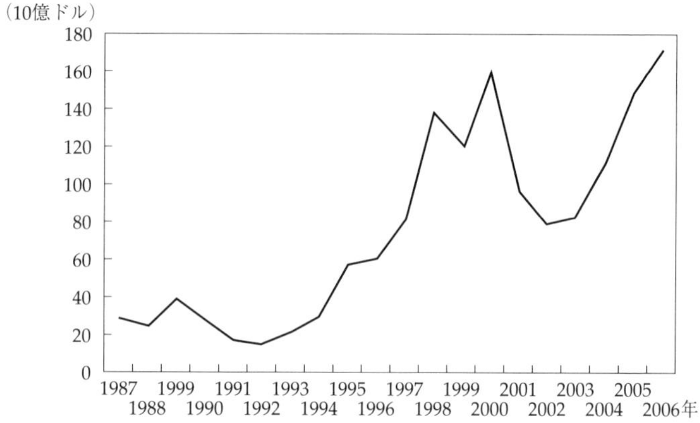

出所：World Investment Report 2007, UNCTAD データより作成。

の増加の背景としては，アメリカ国内における空前の好況によって投資資金が潤沢にあったこと，世界的に規制緩和が進んだこと，段階的に進展を進めているEU市場の将来性を評価し新規参入をはかったことなどが考えられる。なお，当時の対外直接投資は，製造業分野での対ヨーロッパ先進国向け投資が中心であったが，この頃から金融や保険分野での投資も増加し，投資形態もグリーンフィールド投資ではなくM&Aによるものが多くなりつつあった。この様子は，アメリカのM&A（購入）総額の推移を描いた図4.6で確認することができる。特に1990年代後半には，企業の巨大合併が急増した。ただし，これは企業再編や世界市場の支配を目的とした動きであり，新規の設備投資にはあまり結びつかない。すなわち，市場が拡大しなくても，企業が利益を確保しうる支配・管理方法である。したがって，この形態での直接投資の増加は経済成長にはあまり貢献せず，単に企業の支配・管理体制の変化が生ずるだけであることに注意しておく必要がある。

　対外直接投資と同じく，1990年代のアメリカ対内投資増加の背景にも，アメリカ経済の拡大による（アメリカ国内での）ビジネスチャンスの増加や世界的な規制緩和などの要因がある。加えて，供給過剰になりつつある成熟産業（特にヨーロッパ企業）が，世界市場の再編と生き残りをかけてM&Aに乗り出してきたという事情なども，その動向に大きく影響している。実際に，当時は

EU諸国からの対米投資が急増しており，業種別では，成熟産業である石油や自動車などの製造業分野で対米投資が大幅に増加していた。石油産業では，イギリスのBritish PetroleumによるアメリカのAmoco買収，自動車産業では，ドイツのDaimler Benz（ダイムラー・ベンツ）による，Chrysler（クライスラー）買収などは有名である。2000年代前半は，ITバブルの崩壊によって対外，対内投資とも減速するが，2000年代半ばには再び回復している。ただし，その後，対外投資は2007年，対内投資は2008年から減少に転じている。

　以上，アメリカ企業による直接投資の経緯をみてきたが，特に留意すべき点は，1990年代以降において，アメリカ企業の直接投資が生産目的でのグリーンフィールド投資ではなくM&A形態へとシフトしたことである。この背景として，①先進国産業の多くの分野が成熟段階に入ったため，さらなる生産拡大よりも，世界的な企業組織の再編によるマーケットシェアの確保を優先するほうが（企業の存続に）有利であるとアメリカ企業が判断したこと，②経済のグローバル化，とりわけ貿易や資本の自由化が進展し，①のような世界規模での企業再編が容易になったこと，③NIESやASEANなどの後発工業国の国際競争力が強化されたため，財生産のための直接投資をおこなってこれらの国ぐにと生産・販売競争をおこなうよりも，企業再編による利益確保のほうが有利であると判断したことなどが考えられる。

　先にも述べた通り，アメリカ多国籍企業全体での市場支配力はいまだ健在である。しかし，それはマーケットシェアの取り分が大きいというだけである。極論すれば，すでにアメリカをはじめとする先進国企業（日本企業を除く）の直接投資は，世界市場というパイの取り分を増やすことに生き残りの道を見出すという目的にシフトしており，マクロ的な生産拡大効果はかなり小さくなっているといえる。しかし，世界経済のパイ（世界利潤）が拡大しないまま，その取り合いをおこなうという行動は，成熟産業にとって一時的には合理的であっても，（やがて世界経済が停滞するために）長期的には全体の損失となる。では，世界全体の利潤を拡大させるにはどうすればよいのであろうか。この問いについては第6章で詳しく論ずるが，以下でも世界利潤を拡大させるための多国籍企業の役割について簡単に考えておくことにしよう。

3.2 世界利潤の拡大要因

多国籍企業が，海外進出をおこなう要因はさまざまである。例えば，日本企業の海外進出状況が詳細に記載されている『海外進出企業総覧』では，海外投資の目的項目として，「資源・素材の確保，利用」，「労働力の確保，利用」，「現地政府の優遇」，「国際的な生産・流通網構築」，「現地市場の開拓」，「第三国への輸出」，「日本への逆輸入」，「関連企業の進出に随伴」，「資金調達・為替リスク対策」，「情報収集」，「商品などの企画開発・研究」，「新規事業への進出」，「流通統括機能の強化」，「通商摩擦対策」などをあげている。しかし，これら個々の要因も，より根本的にはある一つの目的に集約することができる。簡単にいえば，多国籍企業も営利目的で活動している限り，利潤を獲得するために投資をおこなうということである。ただし，国内生産のみをおこなう企業とは違い，多国籍企業は利潤獲得機会を世界中に求めることができる。すなわち，多国籍企業は一国内の利潤獲得機会に縛られない。それらは，世界全体の利潤に関心をもつのである。

すでに確認したように，世界利潤の維持・拡大には，「財政赤字の拡大」や「世界規模での投資拡大」が必要である。そして，これまでの世界利潤が，財政赤字と貿易赤字というアメリカの双子の赤字に支えられてきたことも述べた。しかし，双子の赤字を永遠に存続させることは不可能である。理由は次の通りである。アメリカが巨額の貿易赤字を持続させる限り，世界中にドルが撒き散らされ，それはドルに対する信認低下につながる。ドルに対する信認の低下は，いうまでもなくアメリカによる世界経済の支配体制を根本から揺るがす問題となる。もし貿易赤字を持続させつつ，ドルへの信認をも維持しようとするならば，再びドルをアメリカに還流させる（資本流入）仕組みがなくてはならない。すなわち，貿易黒字国がアメリカへ資本輸出をおこなうメカニズムである。しかし，アメリカへの資本流入を維持・拡大させるためにはアメリカの利子率を高水準に維持しなければならない。このような状況では，次のような懸念が生ずる。①利子率の高騰により，国内投資が抑制されるのではないか。②ドル価値を高水準に維持（ドル高）することにより，アメリカの貿易赤字がさらに悪化するのではないか。③ドル高が長期間持続することによって，アメリカの国際競争力が低下するのではないか。

すなわち，アメリカが双子の赤字で世界利潤を維持・拡大しようとすれば，利子率とドルの高騰を通じて国内投資の停滞や貿易赤字のさらなる拡大が生じる。そうすると，貿易赤字をファイナンスするために資本輸入はさらに拡大しなければならなくなり，いっそうの利子率高騰へとつながっていく。この無限ループが持続可能だとは誰も考えないであろう。

そこで，もう一つの可能性である投資拡大による世界利潤拡大について考えてみよう。もし，世界のどこかの国・地域が成長すれば，世界利潤は拡大する。アメリカの双子の赤字が顕在化した当初は，世界経済が低迷期にあり，世界経済を牽引するほどの目立った成長地域もなかったことから，アメリカの財政赤字を前提とする以外に世界利潤を拡大させる方法はなかった。しかし現在では，東アジア地域が成長のセンターとして世界経済を牽引している。この地域内では，中国をはじめとするいくつもの国で非常に活発な投資活動がおこなわれている。そして，これらの国ぐにの経済発展を実現させた重要な要因が，日本をはじめとする先進各国からの直接投資なのである。現在も，東アジア地域では，貿易と直接投資の拡大によって，域内経済の重層的な相互依存関係の深化が続いている[8]。この傾向が持続する限り，世界利潤の拡大は当該地域の投資によって支えることも可能であるといえる。そして，もしこうした成長地域がたえず生み出されるのであれば，すでに成熟した先進国内の産業であっても，直接投資をおこなうことによって投資先の消費需要を確保することができるために，さらなる生産拡大・利潤獲得が可能となる。ただし，当該地域の高成長がいつまで持続するのか，あるいは中国に続く高成長国が現れるかどうかまでは，いまのところわからない。

いずれにせよ，多国籍企業がこうした世界利潤の拡大を自らの利潤獲得機会の増大と捉えて行動していることは間違いない。同時に，多国籍企業の行動そのものも，新たな成長地域・高投資国を創出することを通じて世界利潤を拡大させる役割を果たしている。すなわち，多国籍企業による直接投資の増加は，個々の企業にとっての利潤獲得の手段であると同時に，（特に生産目的でのグ

---

8) 最近では，国内企業がその生産工程の一部を海外の企業に外注する「国際フラグメンテーション」の進展も，地域経済統合を拡大・深化させる要因の一つとして重要性を増している。

リーンフィールド投資は）その利潤の源泉となる世界利潤の拡大を生み出す要因にもなっているのである。

3.3 多国籍企業の役割

　本章では，多国籍企業の行動と経済のグローバル化とのかかわりについて考えてきた。NAFTA や EU，ASEAN などの地域統合が進展する一方で，アメリカ経済を中心とした世界経済システムはいまだ根強く残っている。しかし，本章で述べたように，特定分野以外のアメリカ企業の国際競争力は，すでに後発工業国の企業に遅れをとりつつあり，彼らは M&A を通じた世界規模での組織再編によるマーケットシェアの確保に躍起になっている。すなわち，アメリカ多国籍企業は，すでに世界経済の成長を牽引する力を失いつつあるのである。しかし，アメリカのみが世界利潤を拡大しうる唯一の国家ではない。多国籍企業による現地生産・販売を目的とした直接投資によって，世界のどこかに新たな成長地域が創出されれば，世界利潤の拡大は十分に可能なのである。さらに，世界利潤の拡大は，そこに参入する多国籍企業が再び利潤を得る機会をも提供する。すなわち，多国籍企業の行動そのものが，新たな成長地域・高投資国を創出することで世界利潤を拡大させつつ，自らもその恩恵に浴することができるのである。もはや，世界利潤拡大をアメリカの双子の赤字だけに頼る時代ではない。東アジア地域の高投資が，その一端を担う時代が訪れつつあるのである。しかし，経済のグローバル化はいまだ拡大・深化の途上にある。新たに台頭した経済大国とアメリカとの覇権争いは生じないのであろうか。また，東アジアの成長が終焉を迎えた場合，次は誰が世界利潤を支えるのか，あるいは新たな成長地域が登場するのであろうか。その場合，世界利潤の拡大は誰がどのような形で担うのであろうか，不安定要素は数え切れないほど存在している。

　これまでの議論から明らかなように，近年の経済のグローバル化は国家よりもむしろ多国籍企業によって強力に推進されている。国家あるいはそれによるさまざまな規制は，グローバリゼーションの障害ですらある。にもかかわらず，多国籍企業はそうした国家ベースの経済管理・政策などの障壁・障害をすり抜けて，世界的視野で貪欲に利潤獲得行動をおこなっている。この行動自体が世界利潤の拡大に貢献する可能性があることはいま述べた通りであるが，一方で

憂慮すべき問題も残る。それは，国民と多国籍企業の利害が必ずしも一致しないという点である。とはいえ，多国籍企業が国家や国民にとっての利益を無視して自身の利益のみを追求するならば，各国経済，ひいては世界経済が停滞し，結果として自らの利潤獲得機会を失うであろうことは目にみえている。なぜなら，どれだけ強大な多国籍企業も，結局は市場の担い手である消費者・国民なしでは存続しえないからである。世界中の国家が完全に一体化する段階に到達しない限り，国家はさまざまな形で存続する。こうした国家制約が存在する限り，多国籍企業は自身の利潤追求をはかるとともに，国民利益に貢献することも求められるのである。

参考文献
岩本武和ほか（2001）『グローバル・エコノミー』有斐閣。
河村哲二（2003）『現代アメリカ経済』有斐閣。
菊本義治（2005）『現代国際マクロ経済の研究』兵庫県立大学経済経営研究所。
経済産業省経済産業政策局調査統計部・経済産業省貿易経済協力局編『我が国企業の海外事業活動』（各年版）経済産業統計協会。
末廣昭（2003）『進化する多国籍企業』岩波書店。
東洋経済新報社『海外進出企業総覧会社別編』（各年版）。
西山博幸（2008）『海外直接投資と国際経済』兵庫県立大学経済経営研究所。
原正行（1992）『海外直接投資と日本経済』有斐閣。
松本八重子（2009）『地域統合，国家主権とグローバリゼーション』中央公論事業出版。

（西山博幸）

第5章　金融による利潤追求とグローバル化

　この章では，グローバルに展開する多国籍金融機関や多国籍企業が，金融面でのキャピタル・ゲインから利益（利潤）を獲得しようとするようになったことを明らかにする[1]。第1節で，アメリカが金融からの利益（利潤）追求のために，どのような世界金融システムをつくりあげたかを述べる。次に，第2節で世界的な金融の肥大化を確認したうえで，第3節で経済の金融化を，第4節で金融の暴走について論じる。

1　アメリカン・世界金融システム

1.1　世界の金融仲介国としてのアメリカ

　アメリカは金融の自由化と国際化を推進し，世界の資金をアメリカに環流させ，さらに環流したドルを海外で運用するという「金融仲介」立国アメリカを中心とした世界金融システムを構築してきた。2000年代半ばの世界金融システムについて，第3章と第4章での検討を踏まえて，アメリカの対外資産負債残高（表5.1）の状況をみよう。

　アメリカの対外負債の構造をみると，総額12兆7550億ドルであり，民間部門による対米投資の内訳は債券投資23％，銀行貸付20％，株式投資17％，直接投資15％の順となっている。外国公的資産の大部分が米財務省証券であることを考慮すると，アメリカの対外負債は，外国による債券投資や銀行貸付などの債務からなる。それに対して，総額10兆7720億ドルのアメリカ対外資産は，株式投資が31％と最も多く，次に直接投資が25％と続き，ハイリスク・ハイリターン型の資産保有となっている。

　岩本（2009）は，このような対外資産負債構造になったアメリカを，ゴウリ

---

[1]　国民経済計算（SNA）のルールでは，社会全体ではキャピタル・ゲインは相殺されるので，付加価値である所得に含めない。しかし，キャピタル・ゲインを得た金融部門にとっては利潤である。本章では，「利益（利潤）」に，キャピタル・ゲインを含めて議論する。

表 5.1　アメリカの対外資産負債残高表（2005年）　　（単位：10億ドル）

対外資産			対外負債		
米公的資産	266	2%	外国公的資産	2,306	18%
対外直接投資	2,652	25%	対米直接投資	1,906	15%
対外株式投資	3,318	31%	対米株式投資	2,110	17%
対外債券投資	1,012	9%	対米債券投資	2,887	23%
対外銀行貸付	2,507	23%	対米銀行貸付	2,607	20%
その他	1,018	9%	その他	939	7%
資産合計	10,772	100%	負債合計	12,755	100%
			対外純資産	−1,983	

出所：U.S. International Investment Position, Bureau of Economic Analysis, U.S. Department of Commerce より作成。

ンチャスとレイによる論文での表現を引用して，次のように要約している。アメリカは，「世界の銀行家」から「世界のベンチャーキャピタリスト」に変化している。その当然の帰結として，対外直接投資と対外株式投資からの「巨額のキャピタル・ゲイン」が，アメリカの取得する利益（利潤）の源泉となる。

　アメリカは世界金融システムにおける「世界の銀行」であり，国際金融仲介の基軸国として位置づけられてきた。しかし，その国際金融仲介のあり方は時代によって大きく変容してきたことに注目する必要がある。1960年代から70年代は，商業銀行的な国際流動性の供給が主な機能であった。1980年代から90年代には証券化の流れを受けて投資銀行の機能が加わった。そして，2000年代に入り，よりハイリスク・ハイリターン型への傾斜が強まったのである。

1.2　国際的金融仲介からの利益

　表5.1をみると，アメリカは1兆9830億ドルの対外純債務国である。したがって，もしアメリカが金融機関であるとしたら，債務超過に陥っており，営業を即刻停止しなければならないであろう。しかし，アメリカは国際通貨を提供し，他国が利潤を確保するために自国内での利潤を犠牲にする巨額の貿易赤字を継続的に拡大させている大国なのである。アメリカは，犠牲にした利潤をどのようにして補うのか。

　よく知られているように，アメリカは負債残高と純債務残高ともに世界一の

図 5.1　アメリカ企業利潤の推移

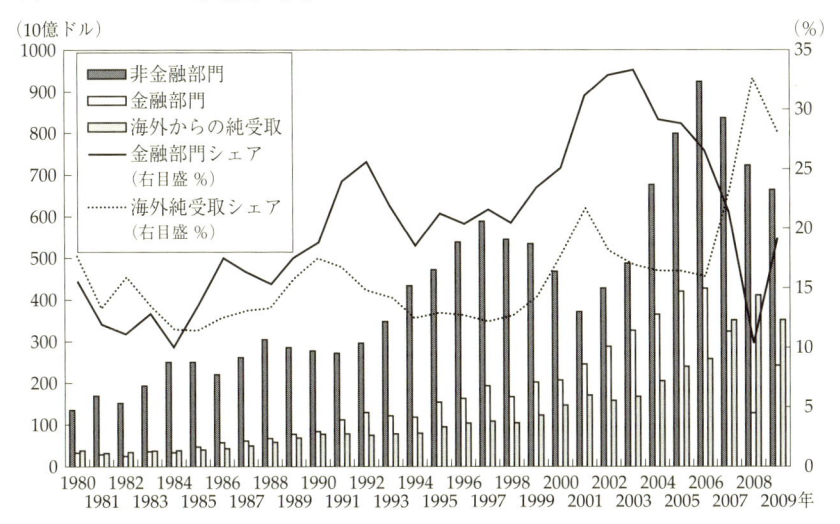

(10億ドル)　　　　　　　　　　　　　　　　　　　　　　　　　　　(%)

凡例:
- 非金融部門
- 金融部門
- 海外からの純受取
- 金融部門シェア（右目盛 %）
- 海外純受取シェア（右目盛 %）

出所：Corporate Profits by Industry, Bureau of Economic Analysis, U.S. Department of Commerce より作成。

債務国である。にもかかわらず，アメリカは世界の金融仲介立国となることで利潤を獲得している。そのアメリカの利潤は，金融仲介サービスの手数料収入，自国での運用収益そして海外からの所得純受取である。

図 5.1 から明らかなように，金融部門の利潤は1985年から増加し続け，1991年以降は全体の20％台を占めるようになり，2001年から2003年にかけては30％を超えている。海外からの所得の純受取を加えると，同期間には50％に達し，アメリカの企業利潤の半分を稼ぎ出しているのである。その利潤に，国民経済計算（SNA）のルールでは含まれないキャピタル・ゲインを加えると，金融部門の利益（利潤）はそれより遙かに大きくなるのである[2]。金融部門の利潤の大きさに対して，アメリカの金融部門の雇用者数は1960年代から一貫して非農業部門の雇用者全体の5〜6％を占めているにすぎず，「雇用なき成長」の一因とも考えられる。

---

[2] 注1で述べたように，アメリカの国民所得統計も SNA のルールに則って作成されるので，図 5.1 の金融部門と海外からの所得の純受取には，キャピタル・ゲインによる利益は含まれていない。

1.3 グローバル金融ネットワークの形成

アメリカン・世界金融システムには，世界各国の金融をアメリカに結びつける金融ネットワークが必要である[3]。そのグローバル金融ネットワークは，①ドルへの世界的なアクセス網，②世界の情報網，③規制逃れや優遇税制など逃避網から構成される。

グローバル金融ネットワーク

グローバル金融ネットワークは，第1に，アメリカの大手金融機関（商業銀行，投資銀行，保険会社など）の海外支店網と子会社から形成される。第2に，それは，国際金融市場とロンドンのユーロ・ドル市場をはじめとする各国のオフショア市場の形成によって担われている。オフショア市場とは，外国経済主体間の他国通貨（主にドル）による外―外取引を，自国の金融機関や金融市場を利用してもらうために，各国に創設された特別な金融市場である。

オフショア市場の成長は，次の理由による。アメリカのように国際的な金融仲介で国の経済が成り立つとすれば，これといった資源や産業のない国や地域が，アメリカと同じように金融業をリーディング産業として生き残りをはかろうとしても不思議ではない。いくつかの国や地域は，オフショア市場を育成し，金融仲介立国となることを選択した。

イギリス，スイスおよびベネルクス三国はアメリカを見習うまでもなく，そうした道を歩んできた。カリブ海の島々の国や地域は，規制も税も課さず，かつ情報も秘匿するといった優遇措置で，国際資本移動の中継地となった[4]。それらの国や地域は税制面での優遇が強調されて，「タックスヘブン」とよばれるようになっている。

国際金融仲介に新規参入してきた国や地域も多い。東アジアでは香港やシンガポール，中東ではバーレーンのオフショア市場が台頭している。今回の世界的な金融危機で深刻な被害にあった国として名前があがったアイスランドやドバイも国際金融仲介に自国の経済を託した国や地域である。

こうしたグローバル金融ネットワークの形成によって，地理的，政治的，軍

---

3) 山本（2002）3-4頁の国際的信用制度論を参考にした。
4) オランダ領アンチル諸島，イギリス領ケイマン諸島，イギリス領バージン諸島，イギリス領バーミューダ諸島などである。

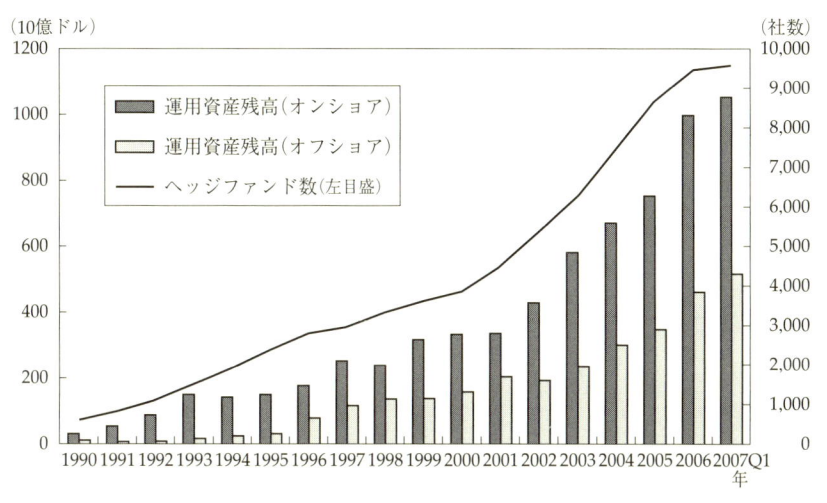

figure 5.2 ヘッジファンド数と推定運用資産残高の推移

出所：財務省関税・外国為替審議会外国為替等分科会の第7回最近の国際金融の動向に関する専門部会（2007年6月19日）での配布資料。

事的，宗教的などの理由で直接にアメリカとの取引が困難な事情があってさえ，ドル市場に容易にアクセスが可能となるのである。

ヘッジファンドの急増

ヘッジファンドは，この金融ネットワークにおいてグローバルな資金運用の実働部隊である。ヘッジファンドは，私募により金融機関や富裕層など少数の投資家から巨額の資金を集めて運用し，その利益を分配する組織である。私募による私的な資金運用団体であることから，金融規制はゆるく，情報公開の義務はほとんどない。そのために，ヘッジファンドの実態は明らかでない。

図5.2からわかるように，ヘッジファンドは，1990年代以降にその数と運用資産残高ともに非常に増えている。2007年3月末時点で，ヘッジファンド数は9575社，推定される運用資産残高は1兆5684億ドルであり，そのうちオフショアが5170億ドルと3分の1を占めている。ヘッジファンドの所在地の構成は，2005年3月時点で，アメリカ52％，イギリス19％，バーミューダ6％，フランス3％，その他20％となっている[5]。

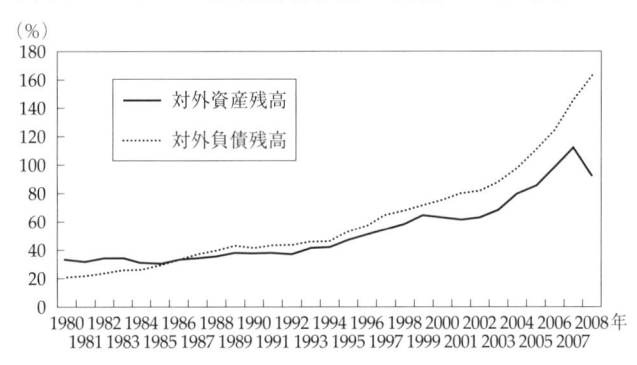

図 5.3　アメリカの対外資産負債残高の対名目GDP比の推移

凡例：
― 対外資産残高
‥‥ 対外負債残高

出所：表 5.1 と同じ。

2　肥大化する金融

　次に，アメリカを基軸とする金融グローバル化が何をもたらしたかのかを検討しよう。それは，「経済の金融化」である。経済の金融化は，量的な側面ではアメリカのように企業利潤に占める金融部門の比率が上昇することや実体経済に対して金融が肥大化することに現れる。

　アメリカを例（図5.3）にとれば，対外資産と対外負債ともに，対名目 GDP 比が上昇を続けてきたことがわかる。資産残高および負債残高ともに，1985年には対名目 GDP 比30％程度であったが，1990年代からのグロス取引の飛躍的増大にともなって，1996年には GDP 比50％を超え，負債残高は2004年に，そして資産残高は2006年にほぼ100％に達し，負債残高はその後わずか4年ほどで150％を上回ったのである。

　金額でみるともっと大きな変化が観察される。1980年の負債残高は5640億ドルであった。その後の10年ごとの推移は，1990年2.4兆ドル，2000年7.6兆ドル，そして2008年には23.4兆ドルとなった。2008年の負債残高は，1990年と比較して10倍に膨れ上がったのである。

　5）　図5.2の出所と同じ資料。データソースは Lipper TASS Database 社の調べである。

図 5.4 世界の金融資産の規模

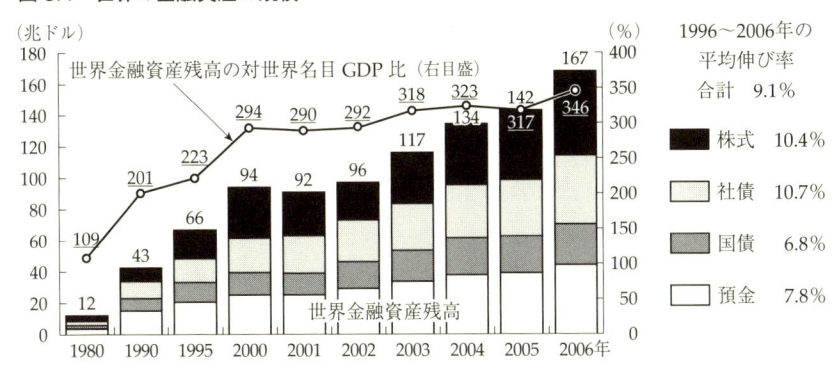

縦軸左(兆ドル)、縦軸右(%)、1996〜2006年の平均伸び率 合計 9.1%
- 株式 10.4%
- 社債 10.7%
- 国債 6.8%
- 預金 7.8%

世界金融資産残高の対世界名目GDP比（右目盛）

年	世界金融資産残高(兆ドル)	対世界名目GDP比(%)
1980	12	109
1990	43	201
1995	66	223
2000	94	294
2001	92	290
2002	96	292
2003	117	318
2004	134	323
2005	142	317
2006	167	346

出所：経済産業省『通商白書2008』の13頁。
注：元データは，McKinsey & Company (2008) "Mapping Global Capital Markets, Fourth Annual Report, Jan. 2008" による。

金融の肥大化は，アメリカだけでなく世界的な現象である。図5.4に示したように，世界の金融資産規模は，1990年に43兆ドル（対世界名目GDP比201％）であったものが，2000年に94兆ドル（同294％），そして2006年には167兆ドル（同346％）になった。同時に，金融肥大化は，先進国間，先進国―途上国間，途上国間でのクロスボーダーのグロス国際資本移動を増大させた原因でもある。

金融が肥大化するだけであるならばなんら問題はない。第4章で論じたように，直接投資の活発化が，1990年代の東アジア諸国，2000年代のBRICsと呼ばれる国ぐにの経済テイクオフを牽引し，2000年代半ばには先進国が無視しえないほどの「新興諸国」に育てたのである。そうした新興諸国の経済成長が世界利潤を生み出し，世界各国の余剰資金に投資先を提供したのである。新興諸国の急速な成長は，世界全体の生産力を高めて，貿易取引を増大し，新興諸国自身と先進国の多くの人びとに雇用と所得を与えた。このように，金融が実体経済にプラス効果をおよぼすだけであれば，世界における金融肥大化は歓迎すべきことである。

3　経済の金融化

しかし，世界的な金融の肥大化は，世界経済にメリット以上のデメリットを

もたらした。この節では，肥大化した金融が資本として自己増殖するために自立化して，実体経済に金融資本の都合を押しつける世界的な経済の金融化について考察する。

3.1 金融資本の利益（利潤）の源泉

　資本制経済は，利潤追求によって価値増殖することを自己目的とする「資本」を原動力にして社会経済を発展させる制度である。資本はさまざまな形態をとるが，産業資本と貨幣資本の利潤源泉を検討してみよう[6]。

　貨幣経済においては所得を貨幣で受け取る。所得のうち消費されなかった部分が貯蓄と定義される。貨幣形態での貯蓄は銀行に預けられたり，証券の購入に向けられたりと，貨幣資本に転化されて運用される。貨幣資本家としての役割を担った人びとや金融機関にとって，投資した資金が増えて戻ってくれば，途中のプロセスやその源泉はどうでもよいことである。しかし，利潤追求を自己目的とする資本全体としてみると，貨幣資本が誰に貸し付けられ，どのような目的に充当されるのかを把握することは，きわめて重要である。貨幣資本がたどる途中のプロセスを考慮して金融を見直すと，貨幣資本家が受け取る利子の源泉が異なる次の二つの金融に区別できる[7]。

　貨幣資本が産業資本家に貸し付けられ，彼らによって実物資本に投資されるならば，新たな商品の生産と付加価値の創造となって，産業資本家が獲得した利潤から元利返済がなされる。貯蓄は生産財への投資として使われ，次期以降の生産に貢献するのである。

　ところが，貨幣資本が，家計消費のための借入，財政赤字やアメリカ貿易赤字のファイナンスに向かう場合には，事情が大きく異なる。新規国債の発行によって集められた貨幣は，多くの部分が政府支出の中で最終的に消費に充当さ

---

6) この検討を通じて，本書の理論的ベースになっている第1章と第2章で提示したISバランス式や実現利潤式を金融的な側面から捉えなおすことができる。

7) この二つの金融を明確に区別したのが，K. マルクス（『資本論』第3巻）である。マルクスは，産業資本家に貸し付けられて追加的な生産資本となり，それから得られた利潤を源泉として利子を得る貨幣資本を「利子生み資本」と規定した。その他の金融資本を「擬制資本」あるいは「架空資本」とよんだ。

れる。アメリカの貿易赤字のためにファイナンスされた資金は，外国からの消費財購入に向けられる。この場合，アメリカ以外の国ぐにの民間部門で超過した貯蓄の多くは，その国ぐにの国内とアメリカの家計や政府によって消費されてしまうのである[8]。その後に，家計は将来の賃金から，政府は将来の税金から，元利を貨幣資本家に返済することになる。

　資本全体としてみると，重大な矛盾が生じている。産業資本家の生産財への実物投資のための金融であれば，貨幣資本家はその追加的な生産資本から得られる利潤から利子や配当を獲得できる。各国内の家計や政府あるいはアメリカへの貸付の場合はどうか。産業資本家は，新たに生産された財が消費財で，国内の家計・政府やアメリカによる借金で購入されたとしても，商品価値を実現して利潤を獲得することができる。しかし，消費財として消費されてしまえば，生産資本の蓄積には役立たないのである。すなわち，新たに本源的な利潤をつくりだす生産資本を，金融資本に比して相対的に小さくしてしまうのである。

　家計への貸付に関しては，産業資本家によって賃金が抑制されるので，家計の返済能力はしだいに低下していく。国債での運用は，財政赤字の膨らむほど国債の信用リスクも高まっていく。結局，貨幣資本家は利益（利潤）の主たる源泉をキャピタル・ゲインに求めざるをえなくなる[9]。

3.2　金融資本の自立化と多様化

　貨幣資本は，投下される分野に応じてさまざまな姿に変形される。それらを総称して「金融資本」とよぶ。その代表例が株式資本である。株式資本は，通常の資金貸借を変形して，借り手である企業には元本返済を免除し，株式購入者である株主には株式を自由に譲渡できる権利を付与した。

　歴史的に，この株式資本の形態が，資本制経済に画期的な革新をもたらした。株式に流動性を付与することで，不特定多数の投資家からの資金を結集できるようになり，多額の投資資金を必要とする重化学工業といった巨大産業資本が

---

[8]　資本家の立場でなく，社会全体からみれば，借入を消費財の購入に使うことが問題であるとはかぎらない。先進国のように十分な生産力に達した経済においては，生産財を増やすことよりも国民の消費生活を豊かにするほうがよい場合もある。

[9]　注1を参照。

出現する原動力になったのである。

　固定された貸借関係にある債権を，株式のようにいつでも譲渡可能な流動性のあるものにすれば，そこに多額の資金を集めることができるようになる可能性がある。そう考えて，アメリカの大手投資銀行は，ローンなどの債権を証券にして流動化させるビジネスを展開し始めた。それが，今日でいう証券化ビジネスの始まりである。大手投資銀行は，さまざまなローン債権を資産担保証券（ABS）に変換して，それらの証券を多くの投資家に販売するようになる。さらに，社債やABSを混ぜ合わせた証券の合成を担保にした債務担保証券（CDO）を次つぎと組成し，販売していくようになるのである。

　また，大手金融機関は，流動性が高まるにつれて増大する金融リスクに対処する手法であるデリバティブも開発し，売買するようになった。デリバティブとは，原資産に付随して将来発生する金融リスクの交換または移転に関する取引契約である。デリバティブは，1970年代以降の金融自由化・規制緩和のもとで，もともとは株価，金利，為替レートなどが変動することから被る投資家や企業の市場リスクを回避するための手法として開発された。そうした意味では，金融資本というよりも財務管理の手法にすぎなかった。ヘッジファンドのヘッジ（hedge）とは，そもそもリスク回避を意味する言葉である。先物，スワップ，オプションなどの各種のデリバティブが，市場リスクを回避するための手法として開発されたのである。市場リスク・デリバティブの対象となる原資産は幅広く，金融資産はもとよりのこと，貴金属・原油・穀物・家畜などの商品，さらには天候，環境でさえ取引の対象になる。

　1980年代以降，もともとの開発目的に反して，デリバティブ市場が金融資本にとって好都合な利益獲得の運用先になった。ヘッジファンドなどが投機目的で，デリバティブ市場に積極的に資金を投じるようになったのである[10]。

　この傾向に拍車をかけたのが，信用リスクと流動性リスクを回避する手段としてのクレジット・デフォルト・スワップ（CDS）の開発である。CDSは，保険料に相当するプレミアムを支払えば，企業倒産や証券価格の下落などが発生したときに，その損失額を保証してくれるデリバティブである。CDSを付与

---

[10] 伊藤（2001）を参照されたい。

することで，ハイリスクな社債や証券化商品であっても，安全な金融資産に早変わりする。CDS は，巨額の運用資産を保有し，かつ安全な運用を好む商業銀行や年金基金の資金を呼び込むのに好都合である。さらに，CDS の組成にはなんらの資産の裏づけを必要としないのである。そして，デリバティブも証券化の対象とされたのである。

こうした証券化ビジネスやデリバティブは，金融資本が産業資本に縛られずに，自立的に自己増殖するための方策になっている。それらは，画期的な金融ビジネスモデルとして世界から賞賛され，各国の金融業が見習うべき手本となった。

際限のない証券化が金融資本の形態を重層的に多様化することによって，世界中の余剰資金を金融資本にますます吸収するようになった。ところが，それは，世界的に肥大化する金融資本に対して相対的に縮小する世界の生産資本という根本的な矛盾を大きくするのである。

3.3 世界経済の金融化

経済の金融化とは，金融が資本として独自の論理で運動するにいたり，本来は実体経済の脇役であるはずの金融が主役に躍り出て，実体経済を攪乱したり，ときには食い物にしたりすることである。

産業資本が主役の資本制経済から貨幣資本や金融資本の論理が先に立つ経済へと移行したのである。それとともに，景気循環は産業資本の運動が主因となってもたらされる循環から，金融資本の運動がもたらすバブルと金融危機が実体的な景気循環を主導する循環に変容した。

周期的なバブルと金融危機の必然性

世界経済において，ドルが国際通貨なのであり，世界の貨幣資本，金融資本として世界の社会経済の発展の原動力である。同時に，世界中で蓄積されたドル金融資本が世界的な経済の金融化の主役なのである。

世界中の投資家の資金が，グローバル金融ネットワークを通じて，世界中の国や地域の投資対象を物色して集中的に投資される。たまたまそういう状況にある国や地域あるいは市場には，世界中からの投資が殺到し，バブルが発生する。その後に金融リスクが急速に高まり，対外資本がいっきょに逃げ出す。そ

の帰結は，その国の通貨危機や銀行危機であり，続いて実体経済に大きな損失を与えるのである。

世界各国の投資家にとっては，当該国の危機などどうでもよいことであり，最重要課題は次の投資先をみつけることである。その決定をくだす選択基準が，インカム・ゲインにキャピタル・ゲインを含めた収益率なのである。

こうして，世界的なドル金融資本の論理から，世界のあちらこちらでバブルと金融危機が周期的に繰り返されることになる。しかも，投資資金の肥大化によって，その周期が短くなるとともに，金融危機の悪影響と世界的な広がりがますます大きくなっていったのである。

金融のカジノ化とギャンブル化

このような金融グローバル化の推進は，金融業者の利益追求の行動にどのような影響をもたらしたのか。第3章で，われわれは，金融グローバル化が世界各国の金融市場の一体化であることを確認した。金融資本がキャピタル・ゲインを求めて，金融グローバル化を進めれば進めるほど，裁定取引を通じて金利差を消滅させる作用が働く。たとえば，第3章の図3.4にみられるように，1990年代後半あたりから，アメリカ・イギリス・ユーロ圏の国債利回りはほとんど金利格差がなくなっている。つまり，世界の金融資本は，裁定取引での利益獲得機会を失うのである。

この作用は，金融資本をさらなる投機に駆り立てる。世界の金融資本にとって，金融リスクの増大は望ましいことになり，世界の金融市場がカジノ化し，金融取引がギャンブル化していくのである[11]。そうすることで，キャピタル・ゲインの獲得機会が増え，デリバティブへの需要もさらに高まるのである。

金融のカジノ化とギャンブル化は，世界の企業や人びとの社会的な意識や行動にも浸透する。たとえば，次のような変化である。各国の企業は，高配当や高株価を常に意識した「株主重視主義」の経営に転換せざるをえなくなった。ものづくり企業を，営業外利益や特別利益など金融面での利益獲得に導いた。また，一部の人びとを株式や外国為替の取引のとりこにし，株式の売買や外国為替証拠金取引（FX）に熱中するようにした。こうして，世界中の企業や人び

11） J. M. ケインズ（1936）の第12章およびS. ストレンジ（1986）を参照されたい。

4　金融の暴走

　この節において，世界経済の金融化が金融の暴走を招き，各国の実体経済と世界の多くの人びとを翻弄するようになった実態を明らかにする。

4.1　金融の暴走の個別事例
M&Aの例

　破綻したリーマン・ブラザーズの元社員が記述している経済の金融化を端的に表す一例を紹介しよう[12]。それは，プライベート・エクイティ・ファンド（PEファンド）とよばれる投資ファンドによる好業績の企業を狙った敵対的買収である[13]。PEファンドは，買収先企業の資産を担保にして投資銀行から資金を借り，大量の株式を買い占めて乗っ取るレバレッジド・バイアウト（LBO）という手法を活用する。乗っ取りさえすれば，買収のための借入金を買収企業の債務に移し替える，資産を切り売りする，高額の配当金をせしめる，上場をいったん廃止してより高値の株価で再上場するなど，「略奪者」であるファンドの思いのままである。

　彼らは，「商品を生産することもなければ，何かを売ることもない」。「彼らの唯一の存在意義は，投資家のために金を稼ぐこと」なのである。マグドナルドによれば，そうしたファンドには「ウォール街でも指折りの優秀な金融専門家」が集まっているというのである。

　アメリカ投資銀行は，M&Aブームに乗って件数および1件あたりの金額ともに急増してきたLBOの旺盛な資金需要に応えるために，ローン担保証券（CLO）を開発した。CLOも証券化商品の一種である。投資銀行は，PEファンドに対する貸付であるローン債権を担保にした証券を発行し，それを世界中の金融機関や投資家に売却することで，PEファンドが企業買収に必要な資金

12）　L. G. マグドナルド・P. ロビンソン（2009）の165-167頁を参照。
13）　PEファンドによる企業買収の目的は，長期的な投資で有望なベンチャー企業を育成したり，企業の再編や事業再生によって企業を蘇らせたりすることにある。

図 5.5 エネルギー価格と穀物価格の推移

エネルギー価格(指数)の推移

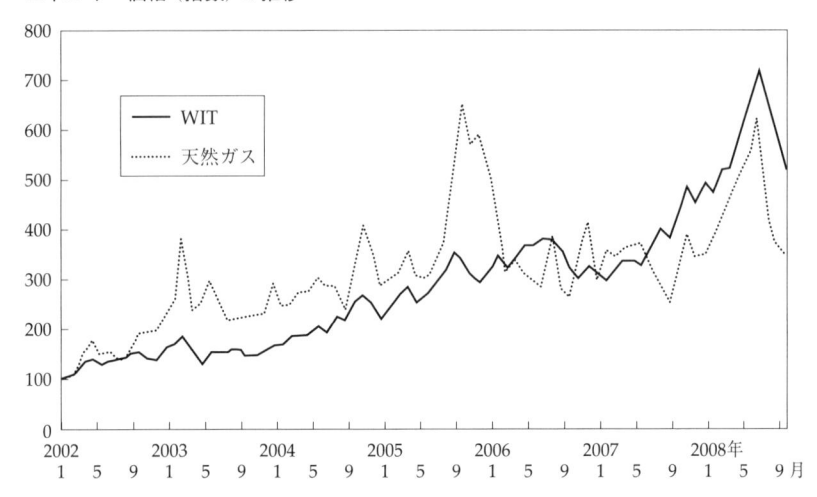

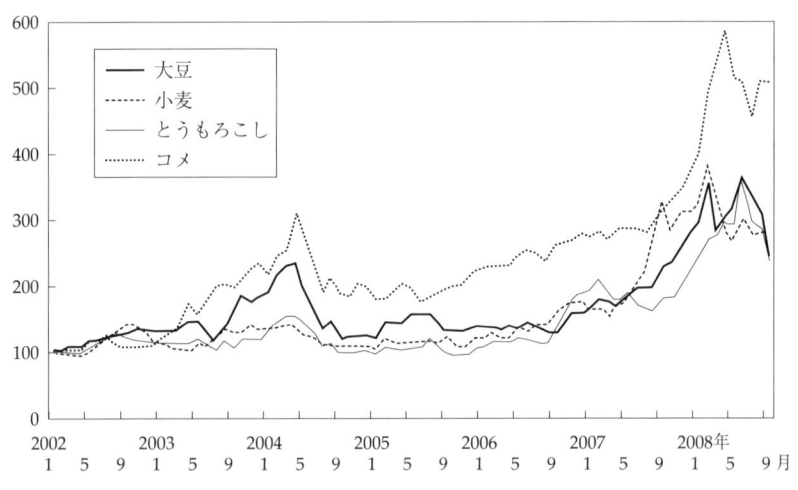

穀物価格(指数)の推移

出所:財務省関税・外国為替審議会第13回外国為替等分科会(2008年10月17日)での配付資料。

を手当てするのである。

CLOを利用したLBOによるM&Aは，アメリカ国内にとどまらない。世界のクロスボーダーの企業買収においてもそれらの手法が普及し，どこの国でも企業が敵対的買収の防衛に備えておくのは当然のことになっている。

デリバティブの例

別の例として，代表的なデリバティブである先物取引における投機をあげることができる。先物市場は，証拠金として実際の取引額の一定割合の資金を差し出せばよいので，投資家の自己資金の数十倍，数百倍の取引ができる。また，当初のポジションが買いなら売り，売りなら買いというように反対の売買をおこなうことで，決済日以前に先物取引を終了することもできる。大部分の先物契約は，決済日に対象商品や資産が受け渡しされることがないのが実情である。

この投機を仕掛けたのはヘッジファンドである。彼らは，高い収益率を実現するために，レバレッジを効かせて資金運用をおこなう。そうした資金が原油先物市場や穀物先物市場で投機的に運用され，先物価格を高騰させた。

先物価格の高騰は，現物の原油価格や穀物価格の上昇を引き起こし，世界の人びとの生活を脅かした。図5.5に示したように，エネルギー関連ではテキサス州産原油（WTI）価格が2002年1月から2008年5月までに7倍に，穀物関連では同期間にコメが5倍，その他の大豆・小麦・とうもろこしも3倍に上昇した。

4.2 アメリカの住宅バブル

エネルギーや穀物の価格高騰も，世界経済に大きな影響をおよぼした。しかし，世界的な経済の金融化は，世界のある国ぐにや地域に周期的なバブルと金融危機というもっと悲惨な悪影響をもたらした[14]。

東アジア通貨危機以後，アメリカ国内の市場がバブルの矛先となる。まずは，1990年代の後半に「ニュー・エコノミー」を謳歌するアメリカの株式市場であった。しかし，2000年にITバブルは崩壊した。アメリカは，バブル崩壊で景気が減速し始めた2001年9月11日に同時多発テロを受け，アフガニスタンやイラクとの戦時経済に突入するのである。アメリカ政府にとって，テロとの戦

---

[14] 山口（2009）などを参照されたい。

図 5.6　住宅ローン債権の証券化の構図

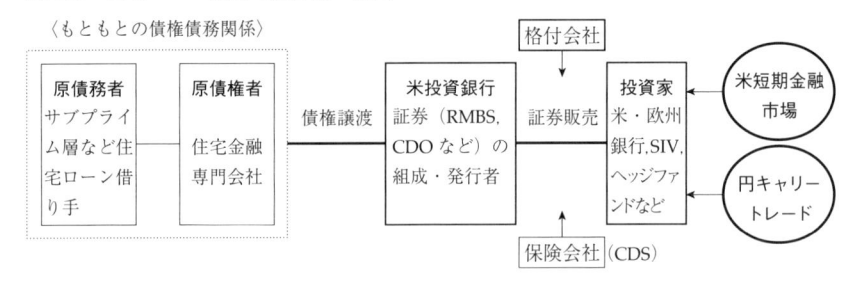

〈もともとの債権債務関係〉

```
┌─────────────────────┐
│ 原債務者    原債権者  │ 債権譲渡  米投資銀行     証券販売  投資家      米短期金融
│ サブプライ  住宅金融  │ ──────→  証券（RMBS,   ──────→  米・欧州    市場
│ ム層など住  専門会社  │           CDO など）の            銀行,SIV,
│ 宅ローン借            │           組成・発行者            ヘッジファ   円キャリー
│ り手                  │                                  ンドなど     トレード
└─────────────────────┘
                                   ↑格付会社          ↑
                                   保険会社(CDS)
```

出所：みずほ総合研究所編（2007）などをもとに作成。

いを国民に納得させるためにも，国内経済の景気回復がどうしても必要であった。そのために，第3章の図3.5に示したように，超低金利政策を実施し，世界的なドル安も容認した。こうした状況下で発生した住宅バブルは，アメリカの政府にとっても経済・金融業界にとっても，まさに渡りに船であった。

その住宅バブルを支えたのが，アメリカの大手投資銀行が開発した住宅ローン債権の証券化である。投資銀行は，それまで低所得かつ信用リスクが高すぎてとても融資の対象にならなかったサブプライム層とよばれる人びとにまで住宅ローンを拡大できる手法を開発したかのように思われた[15]。

図5.6は，そのしくみを簡略化して図式化したものである。投資銀行は，住宅金融専門会社から住宅ローン債権を買い取り，ABSの一種である住宅モーゲージ担保証券（RMBS）にして，国内のみならず世界の投資家に発行・販売した。売れ残ったRMBSは他の証券と混ぜ合わせてCDOにして，売られていった。投資家は，主に北米・欧州の銀行やその子会社として設立された運用会社（SIV），そしてヘッジファンドなどである。彼らは，自己資金にアメリカの短期金融市場からの短期借入やきわめて低い金利の日本から借り入れる円キャリートレードからの資金を加えてレバレッジを効かせて，RMBSやCDOを買いあさった。

それにしても，なぜ金融のプロ中のプロである北米や欧州の名だたる銀行や

---

15) サブプライムローン問題とその後の危機については，L. G. マグドナルド・P. ロビンソン（2009），C. R. モリス（2008），みずほ総合研究所編（2007）などを参照。

ヘッジファンドが RMBS や CDO を需要し続けたのであろうか。その理由は，二つある。まず，格付会社がそれらの証券を「最も信用度が高い」ことを意味する「AAA」と格付けしたことである。もっと正確にいえば，格付会社は AAA に格付けできるように，投資銀行にアドバイスした。第2に，それらの証券には保険会社による CDS が付けられていたことである。しかし，住宅価格が永遠に上昇し続けることが，その大前提であった。結局，無理矢理に利益獲得機会をつくりだし，情報の非対称性を逆手にとって，借り手や投資家をだましてでも利益を得るようなビジネスが横行してしまったのである。

4.3 グローバル金融危機

　住宅価格の下落がはっきりと現れた2007年に入ると，4月には住宅金融専門会社が経営破綻し始めた。続いて，RMBS や CDO といった証券化商品のうちハイリスク・ハイリターンの証券で運用していたヘッジファンドの破綻が相次いだ。さらに，8月には証券化商品の価格下落で銀行の子会社である SIV の資金繰りが悪化した。

　2007年秋には，米短期金融市場でヘッジファンドや SIV に対して，貸し手が借換えに応じなくなってきた。ついに11月には，SIV の流動性を補完することを約束していた親銀行さえ，短期の資金繰りに窮するようになった。12月には，ヨーロッパの大手銀行が短期金融市場でドル資金を確保できない流動性危機に陥った。

　翌年の2008年になって，グローバル金融システム内部で，よりいっそう危機が拡大していく。証券化商品に対して CDS による保証をおこなっていた保険会社が，損失補償に耐えられず経営危機に瀕した。そして2月に，アメリカ大手投資銀行の一角であったベア・スターンズが，証券化商品を組成したものの売れなくなった在庫を抱えて破綻寸前であった。アメリカ連邦準備制度理事会（FRB）が背後で動いて，JP モルガン・チェースに公的資金を注入してベア・スターンズを救済合併させた。この間，金融機関相互の不信は増幅されて，世界的に流動性危機は拡大した。すなわち，アメリカ，ユーロ，イギリス，スイスといった世界の主要な短期金融市場において，資金の出し手が極端に慎重になって，その機能が麻痺したのである。

その流動性危機をなんとか沈静化させたのは，主要国中央銀行が協調しての各国短期金融市場へのドル短期資金の供給であった。2008年5月には，グローバル金融システムは落ち着きを取り戻したかのように思われた。アメリカの住宅ローン規模は全体で10兆ドル，サブプライムローンは1.4兆ドルで全体の14％にすぎなかった。多くの経済学者やエコノミストが，アメリカにはサブプライムローンから生じる不良債権を十分に処理する余裕があると判断した。

しかし，サブプライムローン問題は，グローバル金融危機の本当の問題のほんの一部であって，危機の契機にすぎないことを理解すべきである。アメリカで証券化されたのはサブプライムローンのRMBSだけではなく，自動車ローン・リース，はては学資ローンなどあらゆるローン債権がABSに組成されて販売された。それらの証券化と同じ時期にM&Aも活発化して，CLOも大量に発行・販売されていた（第4章の図4.6）。証券化商品は，そうした証券を混ぜ合わせたCDOにおよんでいた。同時期に，住宅バブルはアメリカ以外の国でも発生しており，アメリカの投資銀行をまねて証券化ビジネスがおこなわれていた。すなわち，信用を証券化するビジネスが世界中に蔓延していたのである。

4.4 世界同時不況

2008年7月，アメリカの大手金融機関の多額の赤字決算の発表，住宅関連政府支援企業（GSE）の経営危機の表面化などにより，世界的な危機が終焉していないことが再認識された。そして，2008年9月15日に，アメリカの大手投資銀行リーマン・ブラザーズの破綻にいたる。

この出来事で，世界の大手金融機関および証券化商品にかかわったすべての金融機関が自らの資金繰りに奔走し，金融機関相互の短期金融市場の収縮から信用市場全般の資金回収・貸し渋りへと信用全般が急速に収縮した。つまり，危機は，金融機関相互の流動性危機から世界経済全体の信用危機に移行した。

この「リーマン・ショック」以後，世界経済は実体経済が急速に収縮し，世界同時不況に陥った。本項の主題である「金融の暴走」の締めくくりとして，リーマン・ショック後にもたらされた世界経済への悲惨な結末の一端を示すことで十分であろう。

国際流動性の確保と損失の穴埋めをするために，世界中で株式が売られ，世

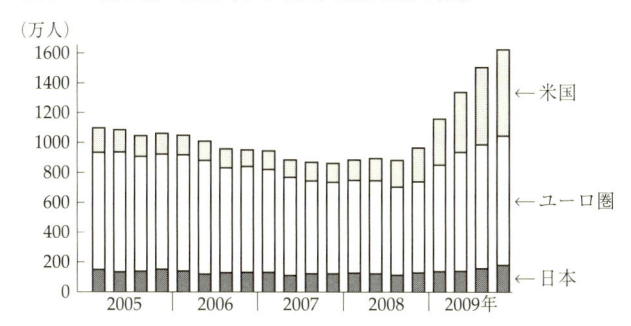

図 5.7 日米欧の長期（半年以上）失業者数の推移

（万人）
←米国
←ユーロ圏
←日本

出所：『日本経済新聞』2010年7月24日付。

界的な同時株安がおこった。2008年2月のバンク・オブ・アメリカの調べでは，2007年10月以降に世界で7.7兆ドルが株式市場から消え去った。

IMF の調べで明らかになった日米欧の金融機関の潜在的な損失額は，通常のローンで20兆ドル，証券でも20兆ドル，総額40兆ドルにものぼる[16]。そのうち，アメリカの潜在的な損失額が27兆ドル（うち証券関連が約16兆ドル），ヨーロッパが12兆ドルを占める。

世界の実体経済に与えた影響はどうであろうか。第1章の表1.1でみたように，世界 GDP は，2008年の61.3兆ドルから2009年に58.2兆ドルへと3.1兆ドルも落ち込んだ。特に，金融危機の震源地であったアメリカとヨーロッパにおける2009年の GDP の下落は大きい。それ以上に GDP の落ち込みが激しかったのが，日本である。日本の金融機関は，アメリカのサブプライム関連証券化商品にあまりかかわっていない。にもかかわらず，株価と GDP ともに，欧米以上の下げとなったのである。GDP の低下は，労働者の雇用に影響する。日米欧の失業率が上昇したことは周知の事実であるが，不況の長期化で事態はいっそう悪化している。図5.7に示したように，2008年第4四半期以降，日米欧で半年以上にわたって職をみつけられない長期失業者が急増し，1600万人以上に達した。

以上のように，アメリカン・金融グローバル化は金融資本の暴走をもたらし，

---

16) Global Financial Stability Report, April 2009, IMF 参照。

世界の人びとに甚大な被害を与え，現在の2010年秋になっても先進国は不況からの出口を見出せていないのである。

参考文献
伊藤国彦（2001）「デリバティブ市場の規模と構造」（保坂直達編著『ヘッジファンズとデリバティブズ』所収）晃洋書房。
岩本武和（2009）「金融危機とグローバルインバランス」（『国際調査室報』第3号）国際協力銀行。
みずほ総合研究所編（2007）『サブプライム金融危機』日本経済新聞社。
山口義行編（2009）『バブル・リレー』岩波書店。
山本栄治（2002）『国際通貨と国際資金循環』日本経済評論社。
C. R. モリス（2008）『なぜアメリカ経済は崩壊に向かうのか』（山岡洋一訳）日本経済新聞社。
J. M. ケインズ（1936）『雇用・利子および貨幣の一般理論』（塩野谷九十九訳）東洋経済新報社。
L. G. マグドナルド・P. ロビンソン（2009）『金融大狂乱』（峯村利哉訳）徳間書店。
S. ストレンジ（1986）『カジノ資本主義』（小林襄治訳）岩波書店。

（伊藤国彦）

第6章　経済のグローバル化と世界利潤

アメリカを中心とした国際経済システムはどのような仕組みになっているのであろうか。これまでの章で論じてきたように、自国で消費する財をすべて国内で生産することは不可能であり、それは資源配分の観点から考えても非効率である。したがって財の輸入が必要となる。一方、国内の生産力が増大し、生産量が国内の消費量を上回った場合には、新たな需要を求め海外へ輸出をおこなう。財を供給する企業からすれば、需要先を国内に限る必要はなく、世界的な戦略の中で販売活動をおこなっていくことが効果的な利潤獲得の方法なのである。さらに、販売のみならず生産拠点も国内に限定する必要はない。第4章で述べたように、多国籍企業は海外投資を通じて、世界規模での最適な利潤獲得活動をおこなっている。

本章では、グローバリゼーションがどのように進展してきたのかについて考察していく。特に、世界には高い経済成長率を維持する成長国が常に存在し、その存在によって世界利潤が確保されてきたという点に焦点をあてて議論をおこなっていく。

1　世界利潤をどのように増やすのか？

1.1　世界利潤についての再考

一国の税引き国内利潤は民間投資と財政赤字と貿易黒字の合計から勤労者貯蓄を引いたものである（第1章の(1.4)式を参照）。したがって、世界全体の利潤合計は、世界のすべての国の投資と財政赤字の合計からすべての国の勤労者貯蓄を引いたものである。このとき、貿易黒字は世界利潤を各国に再配分する際に重要な役割を果たすものの、それが世界利潤に対して直接的な影響をおよぼすことはない。

第2章で述べたように、世界利潤を拡大するためには、世界規模で投資が拡大する、財政赤字が拡大する、家計貯蓄が低下する、ことが必要である。一般

的に国内の景気が低迷した場合には，財政支出を拡大させることによって国内利潤の低下に立ち向かう。これはグローバル経済においても成立する議論であり，ある国の財政支出はその国の利潤を下支えするだけでなく，世界利潤も下支えする役割を果たす。そして，これまでその中心的な役割を果たしてきたのがアメリカである。アメリカは，その旺盛な消費活動を貿易赤字という形で持続させてきた。これによって世界利潤は維持されてきた。しかし，いつまでもアメリカの貿易赤字と財政赤字という双子の赤字の拡大を放置するわけにはいかない。それは，高金利，ドル信認の低下など深刻な副作用を生み出す。

したがって，アメリカ経済に依存しながら世界利潤を維持・拡大していくことには限界があり，これに代わる成長国が必要なのである。次節では，そのような成長国が存在することの必要性について述べ，戦後の世界経済においてどの国（地域）がその役割を果たしてきたのかを述べる。

1.2 世界には成長国の存在が不可欠である

世界には世界経済を牽引していく成長国が必要である。成長国が存在しなければ，世界の資本制経済システムは崩壊する。それは資本制経済システムが利潤追求の経済であるからである。本節では，このような資本制経済システムが機能するためには，各国間にどのような投資および貿易のネットワークが必要であるかを述べる。

世界のとある国（第1国とよぶ）において，大規模な政府支出，または民間投資がおこなわれたとする。そうすると，国内の投資乗数効果を通じて，まずこの国（第1国）の国民所得は引き上げられる。次に，増加した第1国の国民所得は，国内財に対する消費だけでなく，外国財（第2国とよぶ）に対しても輸入需要として波及する。これは，外国（第2国）からみれば輸出の増大，外需に喚起された景気浮揚である。そして，この第1国向けの輸出の増加によって，第2国の国民所得も増加する。さらに，増加した第2国の国民所得は，第2国の国内財に対する消費だけでなく，第1国に対しても再び輸入需要の増大という形で，プラスの反作用をもたらす。こうした循環的な波及プロセスは，貿易ネットワークが各国の間で張り巡らされているからこそ期待できる効果なのである。なお，これに関する数学的な展開については本章の補論を参照され

たい。

　上記のようなプロセスは貿易乗数効果として知られている。初期の投資需要を起爆剤として，国民所得の増大が輸入の拡大をもたらし，輸入の拡大が貿易相手国の国民所得を増大させるという好循環が繰り返されるのである。もちろん，逆の場合，つまり景気減速懸念にともなう著しい投資の減退などがどこかの国でみられるような場合には，貿易は縮小し，それとともに貿易相手国の国民所得も縮小させるように作用する。これは，保護主義的な貿易政策が反対される理由のうちの一つであり，まさに「アメリカがくしゃみをすれば日本が風邪を引く」という原理そのものを表している。

　本節での説明は二つの国を想定して議論してきたが，実際のグローバル経済がそうであるように，三国以上で形成される貿易ネットワークのもとではより大きな波及効果が期待される。そのためにも，世界には，初期において起爆的な役割を果たすことができる成長国，言い換えれば世界の好循環を支え続けていけるような牽引国が必要なのである。その牽引国として相応しい条件は，国内の市場規模が大きく，高水準の投資需要が安定的に存在することである。

　ただし，投資をおこなう主体は必ずしも国内企業である必要はない。第4章の議論，企業の多国籍化とグローバリゼーションはこの点を示唆している。多国籍企業は世界的視野で利潤拡大の機会を模索している。その結果，多くの多国籍企業が成長国や成長地域への投資に傾倒する。近年の傾向としては，図4.4に示したように，NIESやASEAN地域，石油輸出諸国に対する直接投資が顕著に増加している。こうした外国資本（主に先進多国籍企業）による投資は，これらの地域における投資需要となるだけなく，新たな雇用や生産も生み出す。そして好循環を生み出す。中長期的に考えれば，多国籍企業が現地で再投資をおこなう点も見逃せない。

　本節の説明は貿易という経路を通じた波及効果に焦点をあてて議論してきたが，そこにいたる最初の過程，つまり起爆剤としての投資需要も重要である。そして，その役割を担っている（将来的にも担っていく）のが多国籍企業なのである。

　次節以降では，第二次世界大戦後において，世界経済を牽引していくような成長国が常に存在してきたという事実の検証をおこなっていく。そして，世界

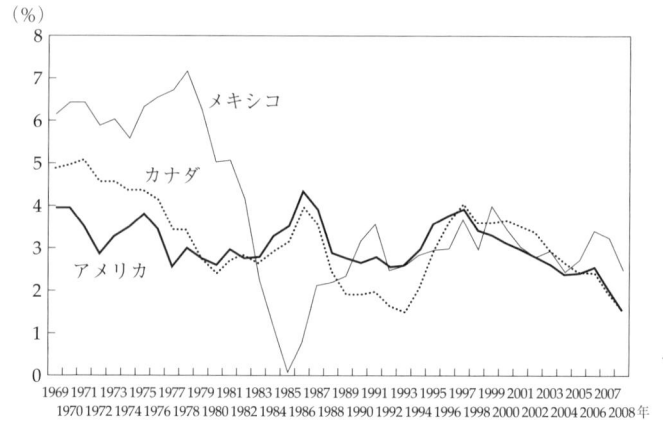

図 6.1　NAFTAの経済成長率（7 年移動平均値）

出所：United Nations, UNdata（http://unstats.un.org/unsd/databases）より作成。

における成長国が時代の経過とともに変遷してきた様子を観察することとしたい。

2　経済成長の推移とその要因

本節では，各国別の実質経済成長率を用いて，世界経済を牽引してきた成長国の変遷をみていく。また，各国の経済事情も同時に概観することによって，経済成長を成功させた要因についても述べる。そして，世界には常に牽引役となる成長国が存在してきた事実とそれを可能にした条件を明らかにする。なお，データは各国の実質 GDP 成長率（対前年比成長率）を用いており，経済成長率の大局的な推移をみるために，グラフを作成する際に移動平均値（7 年平均値）を使用している。

2.1　NAFTAの経済成長率の推移

図 6.1 は，アメリカ（1969年～2008年），カナダ（1969年～2008年），メキシコ（1969年～2008年）の NAFTA 地域 3 ヵ国の経済成長率の推移を示したものである。

アメリカの経済成長率はこの間，総じて 2～4 ％であった。レーガノミックス期（1984年～1987年），IT バブル期（1995年～2000年）には，3～4 ％程度と比

図6.2 **日本の経済成長率**（7年移動平均値）

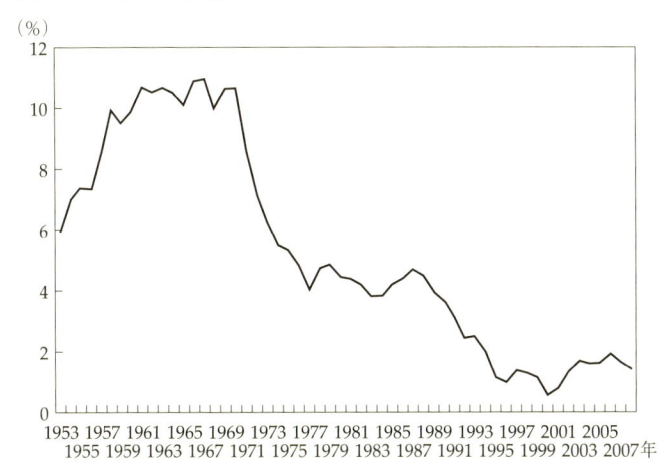

出所：国際比較統計（日本銀行統計局）および United Nations（UNdata）より作成。

較的高い経済成長を実現している。カナダの経済成長率もほぼ2〜5％前後の範囲で推移しており，特に1975年あたりからアメリカの成長率の推移との同調性が強くなっている。メキシコの経済成長率の推移は0〜7％とアメリカやカナダと比較すると変動幅が大きい。また，メキシコの成長率の推移は1990年代に入ってからアメリカの成長率の推移との同調性が強くなっている。このように，NAFTA地域においては，とりわけ近年（1990年以降）において，アメリカ経済の動向からの影響を受けやすくなっていることがわかる。

2.2 日本の経済成長率の推移

図6.2は戦後の日本の経済成長率の推移を示したものである。戦後間もない1950年初頭から第一次オイル・ショックまでの期間はおおむね6〜10％前後の高い成長率を維持してきたことがわかる。

この時期の日本の高度経済成長は，その後に続くNIES，ASEAN諸国の経済発展のモデルとなったことはよく知られるところである。以下では，日本の高度経済成長期における好景気を整理しながら，経済成長を牽引してきた要因について確認していく。

戦後間もない頃の景気拡大

　神武景気以前にも，朝鮮戦争ブーム（1950年6月～1951年6月），投資・消費景気（1951年10月～1954年1月）があった。朝鮮戦争ブームは戦争特需による景気拡大である。炭鉱産業や石炭産業を中心としたブームがおこったのもこの時期である。そして，特需ブームが一息つく頃，次の景気拡大が訪れる。「三パ景気（パルプ，デパート，パチンコ）」である。これにより，個人消費に爆発的に火がつき，民間設備投資も増加した。この時の投資の中心は，電力，海運，鉄鋼，石炭であった。

神武景気

　神武景気（1954年11月～1957年6月）の中心は，投資の増加と輸出の増加による景気拡大であった。1956年の『経済白書』では「もはや戦後ではない」と評され，三種の神器（白黒テレビ，洗濯機，冷蔵庫）が登場した。しかし，あまりに景気拡大のテンポが速く，生産能力が需要に追いつかず景気の後退を招く結果となった。

岩戸景気

　岩戸景気（1958年6月～1961年12月）の象徴は，大衆消費社会の到来である。耐久消費財の消費，食生活の改善，レジャーブームの拡大，これらが大衆消費を拡大させ，その後の高度経済成長の柱を築いた。雇用環境も落ち着きはじめ，「国民所得倍増計画」もこの時代を象徴する言葉である。

1960年代の景気拡大

　1964年の東京オリンピックを控え，建設投資ブームがおこる。これがオリンピック景気（1962年10月～1964年10月）となった。しかし，祭典の終焉とともに景気の上昇も長続きせず，その後，昭和40年不況を迎えた。この不況の後，いざなぎ景気（1965年10月～1970年7月）がスタートする。5年にもわたる戦後最長ともいわれるこの大型の好景気によって，日本は1968年には旧西ドイツを抜いてアメリカに次ぐ第2位の経済大国となった。

　その後，日本経済は1970年代に二度のオイル・ショックを経験し，1980年代後半からバブル経済を迎える。バブル経済崩壊の後は，「失われた10年」という言葉に象徴されるように長きにわたって低迷を続けた。

以上みてきたように，日本の高度経済成長を牽引してきた要因は，内需の拡大，言い換えれば，持続的な設備投資を維持しながら，アメリカ型の大衆消費社会をうまく形成したことである。戦後初期には，海外からの良質な生活財を輸入したくとも，日本は外貨を持っていないために輸入できなかった。欧米からの輸入を可能にするためには，まず外貨を獲得する必要があった。日本が外貨を獲得するためには，良質な財を生産し輸出していく以外に手段はなかった。その結果，皮肉にも後に貿易摩擦を引き起こすまでの輸出大国をつくりあげたのである。

次に述べる NIES，ASEAN 地域は，成長の初期段階では内需を拡大し，成長が軌道にのった段階で成長の軸を輸出に切り替えるという日本型の成長モデルを手本として，順調な成長を遂げることになる。しかし，それらは，外国資本の導入をその成長のエンジンとするものであった。この点において，日本の高度経済成長の場合とは異なる。以下では東アジア主要国の成長のプロセスと要因について，図によりながらみていきたい。

2.3 NIESの経済成長率の推移

図 6.3 は，韓国（1969年〜2008年），台湾（1969年〜2008年），シンガポール（1969年〜2008年），香港（1969年〜2008年）の NIES 地域 4 ヵ国の経済成長率の推移を示したものである。これらの国ぐには1970年から1990年代の前半まで，おおむね年平均 6 ％以上の高い経済成長率を維持している。

韓国は1970年代において安定した経済成長を持続してきた。しかし，1990年代半ばに減速をはじめ，1997年のアジア通貨危機によって大きく後退した。この傾向は他の NIES 諸国にもあてはまる。さらに直近の2005年以降の落ち込みも著しい。以下では韓国と台湾を NIES 地域の例として，貿易投資政策を中心に経済成長の要因について考察する。

韓国の経済成長

韓国経済は，輸入代替化政策にはじまり，その後，輸出志向政策を強く推し進めていくことで経済成長を遂げてきた。NIES 地域の中でも韓国は先駆的な位置づけにあり，その成長ぶりは「漢江の奇跡」とよばれている。韓国における高度成長期は，1960年代後半から1970年代とされている。韓国では国家主導

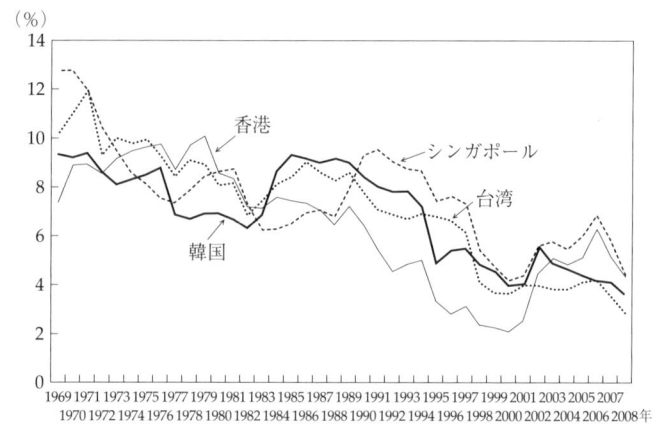

図 6.3　NIES地域の経済成長率（7年移動平均値）

出所：韓国，香港，シンガポールは United Nations (UNdata) より作成。台湾は外国経済統計年報（日本銀行統計局）および世界の統計（総務省統計局 http://www.stat.go.jp/data/sekai/）より作成。

で経済開発が進められており，この期間の高度経済成長は「経済開発5ヵ年計画（第一次から第五次）」の成果である。第五次にまでわたる開発計画によって，農業生産力の拡大，電力石炭エネルギーの確保，インフラの整備，輸入代替化による国際収支の改善，重化学工業の振興と輸出の増大，など幅広い分野での改革が進められた。この成果は1970年代を通じて顕著に表れており，1970年に8億ドルであった輸出額は，10年後には175億ドルにまで急拡大した。

そして，1980年代には対外経済関係がいっそう進められた。具体的には，さらなる外資誘致のための投資環境の整備や輸入の自由化である。輸入の自由化を進めることで韓国企業の国際競争力をつけるという狙いもあった。

台湾の経済成長

台湾経済は，1950年代から1970年代にかけて飛躍的な成長を遂げた。1950年代の年平均成長率は8.4％，1960年代は9.0％，1970年代は9.8％である。1980年代には8.2％に低下するものの，それでもかなり高い水準である。

台湾は戦後，農業国から脱し，工業国を志向することによって産業構造を変化させてきた。その結果，高い水準の経済成長を維持してきた。その成長の初期段階においては，アメリカの経済援助が大きくかかわっている。これは，朝

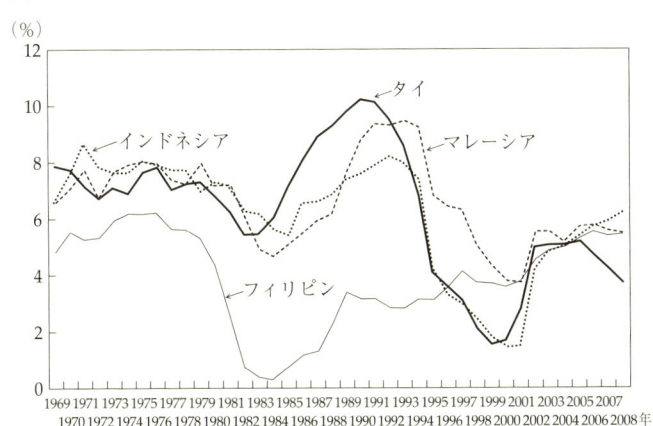

図6.4 ASEAN地域の経済成長率（7年移動平均値）

出所：United Nations, UNdata（http://unstats.un.org/unsd/databases）より作成。

鮮戦争を契機としたアメリカの反共路線政策の一貫としてもたらされた援助である。その後，1950年代には輸入代替工業化を進め，1960年代には輸出志向工業化，1970年代から1980年代には重化学工業化とハイテク産業の育成に力を入れてきた。こうした産業構造の転換の背景には，台湾政府による産業政策がある。例えば，1950年代には紡績業を保護育成することによって輸入代替化を進めた。1960年代には，輸出加工区を設置するなどして輸出競争力を高めていった。また，1978年に中国が改革・開放政策を導入してから，中国大陸との貿易・投資活動が活発になっている。2010年には，中国との間の経済協定である「両岸経済協力枠組み協定」の締結に向けた話し合いがなされている。

2.4 ASEANの経済成長率の推移

図6.4は，タイ（1969年〜2008年），マレーシア（1969年〜2008年），インドネシア（1969年〜2008年），フィリピン（1969年〜2008年）のASEAN地域4ヵ国の経済成長率を示したものである。図をみればわかるように，タイ，マレーシア，インドネシアの3ヵ国の推移は類似しており，1970年代および1990年代はおよそ6〜10％と高い経済成長率を維持していた。他方，フィリピンの成長率はこれらの国ぐにと比較すると総じて低い。

しかし，1997年のアジア通貨危機によって，各国の経済成長は著しく落ち込み，1998年には，タイではマイナス10.5％，マレーシアではマイナス7.4％，インドネシアではマイナス13.1％となっている。その後，2000年代に入り回復し5～6％前後で推移している。以下では，貿易投資政策を中心に ASEAN の経済成長の軌跡についてタイとマレーシアを例に検討する。

タイの経済成長

　タイの経済成長の水準は，ASEAN の中でも比較的高く NIES 諸国と比較しても遜色はない。第二次世界大戦以前は，世界的にも有名なコメの輸出国でありアジアの中の主要な農業国であった。また，近年においても，コメ以外にも果実や野菜などの生産加工が多くなされている。他方，タイは「ASEAN 経済の優等生」と言われるように，1950年以降，堅調な経済成長を維持している。その要因の一つとして，外国資本の導入による経済発展効果があげられる。

　かつてタイでは，第一次開発計画（1960年～1966年）のもとに，輸入代替工業化をめざしながら，水田開発やインフラの整備がおこなわれた。そして，1970年代には外国資本の導入によって工業化が進められ，軽工業を主体とした労働集約的な製造業（革製品，繊維製品）がバンコクなど都市部を中心に発展しはじめた。しかし，この時期の主力は，まだコメやゴム，果実といった第一次産品中心の産業構造であった。この状況に大きな変化がみられるようになったのは1980年代に入ってからである。外国資本がいっそう進出することによって，タイ国内の産業構造，そして輸出入の品目も大きく変化し，資本集約的な産業への移行が急速に進められた。特に，その契機となったのがプラザ合意である。急速な円高によって輸出競争力を失った日本の多国籍企業が，アジア地域に対して積極的に進出したことの影響が大きい。タイへの国別の直接投資をみてみると，日本企業の割合が非常に高く，進出した海外資本のうち日本企業が占める割合は52.2％（1988年）にも達していた。その後，1990年代に入って，ますます市場開放を進め，国際競争力の強化に力を入れたが，アジア通貨危機後の落ち込みはその後の経済成長に大きなダメージを与えている。

マレーシアの経済成長

　マレーシアは，1960年代まで輸入代替化政策を志向していた。外国の消費財や完成財に対して保護関税を課し，国内の幼稚産業の育成に力を入れていた。

しかし，マレーシアの国内市場が小規模であったこともあり，輸入代替化政策は成功にいたらなかった。その後，1970年代に入り外向きの政策への転換をはかり，輸出志向型工業化をめざすようになった。具体的には，自由貿易地域（FTZ: Free Trade Zone）の建設や外国資本の積極的な受け入れである。1970年代前半の外国資本による投資は家電製品や繊維，電気・電子部品など軽工業中心であった。その後1981年にマハティール首相が就任すると，それまで以上に工業化と輸出産業の育成に力を入れはじめた。公営企業の民営化，重化学工業化，ルック・イースト政策である。ルック・イースト政策とは，日本や韓国などの成長を遂げた東方国家にならい工業化と経済発展をめざす，という政策である。さらにプラザ合意以降の円高，そして1986年制定の投資促進法（外資に対する優遇措置の拡大と規制緩和が目的）は日本からの投資を後押しした。日本以外にも，台湾，アメリカ，シンガポール，香港などがマレーシアへの投資を積極的に進めている。その結果，マレーシアの品目別の輸出割合をみると，IT関連・電気製品の品目では1984年にはほぼ0％であったのに対し，1996年には32％にまで増加している。また，この時期の実質GDP成長率も著しく，1991年〜1995年までの年平均成長率は8.7％，1996年〜2000年までの年平均成長率は8.0％である。マレーシア政府はその後もハイテク産業や資本集約型産業を積極的に導入することにより産業構造の転換をはかっている。

2.5 NIESからASEANへ

日本からはじまりNIES地域そしてASEAN地域という，東アジアにおける経済成長の軌跡について整理すると次のようになる。

高度経済成長を経て経済大国となった日本の多国籍企業は，欧米諸国への海外進出だけでなく，東アジア地域への海外進出も積極的におこなった。東アジア進出の中ではじめにその投資対象となったのは，NIES諸国であった。経済成長の飛躍を望むNIES諸国にとって日本の多国籍企業を受け入れることは，新たな雇用や生産を生むという短期的なメリットだけでなく，新しい技術や経営ノウハウの習得ができるなど中長期的なメリットもあったといえる。もちろん，多国籍企業にとっても，成長国に進出していくことは利潤確保のために必要であったし，なによりも東アジアの市場規模と将来性が魅力であった。

NIES 諸国は，この多国籍企業から得たノウハウを梃子にして，輸入代替化政策から輸出志向政策への転換をはかっていく。そして，順調な輸出の拡大は国民所得を増加させ，輸入需要（購買力）も増大させる。これが世界経済の利潤を増幅させる重要なエンジンとなるのである。しかし，めざましい経済成長は，他方で国内の物価上昇，名目賃金の上昇といった副作用をもたらす。これにより，それまでのような安価な労働力を利用して輸出をおこなっていくという成長モデルは NIES 諸国において期待できなくなる。その結果，日本をはじめとする先進国の多国籍企業にとって NIES 地域への投資の魅力はしだいに薄れていく。

そして，日本の多国籍企業は，新たな成長先を求めて ASEAN 諸国に対する投資の比重を高めていくのである。もちろん，ASEAN 諸国にとっても，外国資本の受け入れは大いに歓迎するものであった。この状況は図 4.4 に示されており，ASEAN 地域に対する直接投資も増加している。このようにして，ASEAN 地域においても，外資の導入を起爆剤とする成長の軌跡をたどることとなった。

このように，日本・NIES 地域・ASEAN 地域における，直接投資および財貿易の動向は密接に関係している。そのため，東アジア地域内の経済成長率の推移の同調性は比較的強く，東アジア域内に密接な投資および財貿易のネットワークが形成されていることがわかる。

2.6　中国・インドの経済成長率の推移

図 6.5 は中国とインドの経済成長率の推移を示したものである。中国の経済成長は堅調である。特に，1990年代半ば，および2004年以降は年平均成長率が10％を超える驚異的な水準である。他方，インドも比較的順調に経済成長を実現している。インドの1990年以降の経済成長率の平均値は6.4％である。2008年には，世界的な同時不況の影響を受け両国の成長率はやや減速しているが，それでもなお高成長を続けている。

両国に共通しているのは，世界経済を牽引していく成長国としての条件，すなわち，国内の市場規模が大きい，高水準の投資需要が安定的に存在する，という二つを満たしていることである。この点については後の節で再度議論する。

図6.5 中国・インドの経済成長率（7年移動平均値）

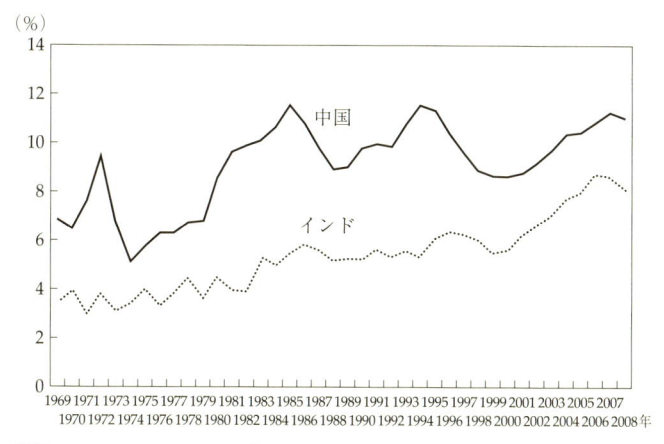

出所：United Nations, UNdata (http://unstats.un.org/unsd/databases) より作成。

以下では，貿易投資政策を中心に，中国とインドの経済成長の軌跡について検討する。

中国の経済成長

　中華人民共和国，すなわち中国は1949年に建国され，中国共産党主導のもと社会主義的計画経済によって経済発展を進めてきた。中国の GDP 規模は1990年では世界第11位であったが，その後急速に経済発展を進め，2010年にはついに日本を抜いて世界第2位の経済大国になった。このめざましい経済成長の要因として中国の対外開放政策があげられる。そもそも中国が対外貿易を拡大したり，外資の導入に対して積極的になった背景としては，NIES の成功がある。特に近隣諸国の台湾，シンガポール，香港といった国ぐにの輝かしい成長は中国の対外政策を後押しした。とりわけ中国経済の改革・開放政策の中で重要な役割を果たしてきたとされるのが，経済特別区の存在である。これにより，積極的に外資の導入を進めるとともに，輸出志向型工業化戦略をめざしたのである。経済特区では，進出企業に対して，①一定期間の所得税の減免，②生産に必要な設備・原材料を免税で輸入できる，③利潤を国外へ送金できる，などの優遇措置が与えられた。その結果，FDI（Foreign Direct Investment: 直接投資）の流入は順調に増加し，1980年には約7.7億ドルであったのが，1990年には約67.6

億ドル（1980年比で約8.8倍），そして2005年には，約1083億ドル（1980年比で約141倍）にまで成長している[1]。このFDIの流入は，中国国内の生産の増加や雇用の促進をもたらすだけなく，技術水準の向上や経営ノウハウの取得など多くのプラス効果を生み出している。

インドの経済成長

インドはBRICsの一国として急速に経済発展を進めている。2007年に人口は11億3000万人に，そして国内総生産は1兆1000億ドルにまで達している。しかし，一人あたり名目のGDPは940ドルとまだその水準は低い。

インドの経済成長は1991年の経済自由化政策の後，堅調に推移している。特に2000年以降の年平均経済成長率は7.2％と高い。近年のインドの経済成長の特徴として，サービス産業主導型の経済成長であることがあげられる。IT技術を駆使したソフトウェア産業の発展である。政府もこの分野における技術者の養成に力を入れており，対アメリカ・ヨーロッパを中心として輸出も順調である。この政策は短期的には輸出を伸ばし経済成長の牽引役にもなったのでひとまずは成功といえるが，長期的には課題も多い。なぜなら，サービス産業はその成長に見合うだけの雇用を生み出しにくいからである。それゆえ，政府は製造業を中心とした産業構造への転換をはかるため，自動車産業を将来的な中核産業として位置づけている。

以上で，日本，NIES地域，ASEAN地域，そして中国，インドにいたるまで各国の経済成長と経済事情をみてきた。日本を除くこれらの国ぐにに共通する成長の要因をあげれば，①輸入代替化政策では顕著な成功を得られていない，②経済特区あるいは輸出加工区など特別区を設け外国資本を積極的に誘致している，③中国や韓国の5ヵ年計画に代表されるような計画経済化を進めてきた，④政治主導で経済開発が進められた，以上の4点である。

---

1) この直接投資の流入の数値には香港を含んでいる。データは，UNCTAD「World Investment Report」より作成。

図 6.6 世界の国・地域別の経済成長率

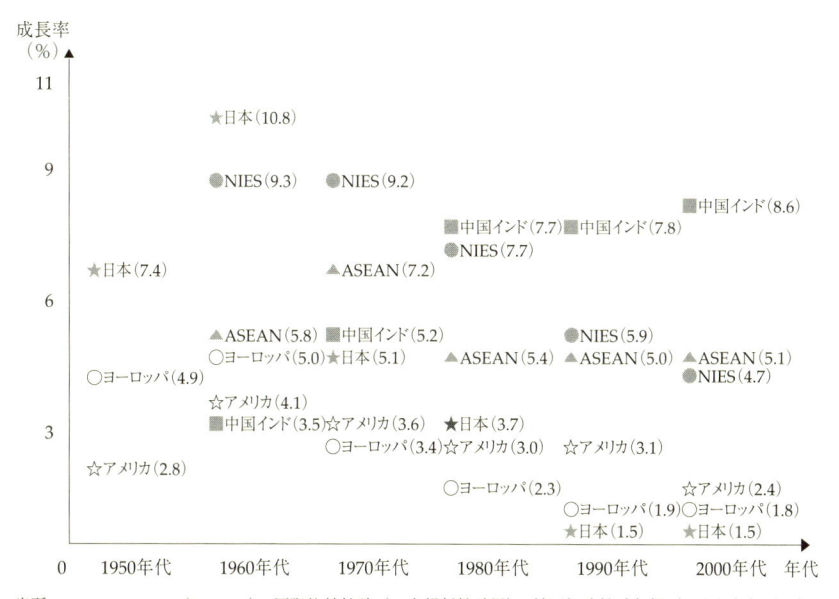

成長率（％）

- 1950年代: ○ヨーロッパ(4.9), ☆アメリカ(2.8)
- 1960年代: ★日本(10.8), ●NIES(9.3), ★日本(7.4), ▲ASEAN(5.8), ○ヨーロッパ(5.0), ■中国インド(3.5), ☆アメリカ(4.1)
- 1970年代: ●NIES(9.2), ▲ASEAN(7.2), ■中国インド(5.2), ★日本(5.1), ☆アメリカ(3.6), ○ヨーロッパ(3.4)
- 1980年代: ■中国インド(7.7), ●NIES(7.7), ▲ASEAN(5.4), ☆アメリカ(3.0), ○ヨーロッパ(2.3)
- 1990年代: ■中国インド(7.8), ●NIES(5.9), ▲ASEAN(5.0), ★日本(3.7), ☆アメリカ(3.1), ○ヨーロッパ(1.9), ★日本(1.5)
- 2000年代: ■中国インド(8.6), ▲ASEAN(5.1), ●NIES(4.7), ☆アメリカ(2.4), ○ヨーロッパ(1.8), ★日本(1.5)

出所：United Nations（UNdata），国際比較統計（日本銀行統計局），外国経済統計年報（日本銀行統計局），世界の統計（総務省統計局）より作成．
注：図中の括弧内数値は10年間の平均成長率（％）である．

3 世界の成長国・地域

　本節ではまず戦後60年の間に世界の成長国がどのように推移・変遷してきたのかについて述べる．次に，それらの国ぐにの経済成長が世界経済に対してどの程度の影響力を有しているのかについて論じる．

3.1 世界の成長国・地域の変遷

　戦後の世界経済の主要国（地域）の成長率の推移を概観することによって，世界経済を牽引してきた成長国の変遷をとらえる．図 6.6 は，世界の主要国（地域）の経済成長率（10年間の平均値）の推移を示したものである[2]．これにより時代ごとに世界の成長国が変遷している様子が読み取れる．

1950年代から1960年代にかけて高成長を遂げたのは日本である。日本は，神武景気のはじまった1954年から第一次オイル・ショックの1973年まで世界の中心的な成長国であった。この時期の日本の平均的な成長率は約9.2％であり，これによって世界の高利潤を支えていた。

　そして，世界の高成長地域は，時代とともにNIES地域，ASEAN地域へと移りかわっていく。NIES地域は，1960年代から1990年代半ばまでの約30年もの間，高成長を維持してきた。このうち，特に前半期（1961年～1981年）の成長率は高く，年平均成長率は約9.1％である。後半期（1982年～1997年）ではやや減速するものの，それでも年平均成長率は7.4％と高い水準を維持している。NIES地域と比較するとやや低くなるが，ASEAN地域の経済成長率も高い。ASEAN地域の成長期の山は2期にわけられる。前半期（1961年～1981年）の年平均成長率は約6.5％である。その後，1982年から1987年の間の低成長期を経た後，成長率は再び高くなっている。後半期（1988年～1996年）の年平均成長率は約7.6％と高水準である。

　しかし，1997年のアジア通貨危機を機にNIES地域，ASEAN地域の高成長は鈍化する。その一方で，その影響をあまり受けなかった中国とインドは急速な成長を遂げている。中国とインドの成長を二つの期にわけて整理すると，成長への離陸期（1983年～1999年）では年あたり平均で約8.0％の成長率，二つ目の本格的な成長期（1998年～2008年）では平均約8.4％の成長となっている。

　なお，ヨーロッパおよびアメリカの経済成長率は，全期間を通じて2～5％前後であり，近年は2～3％前後の低成長に留まっている。この点からも，第4章でみてきたように日本をはじめ欧米の多国籍企業は海外へ，とりわけ将来的に市場の拡大が期待される地域へ積極的に投資をおこなっていることがわかる。

3.2　成長国の世界経済に対する影響力

　ある国の経済成長が世界経済または近隣諸国にどの程度の影響を与えるかは単にその国の経済成長率をみるだけでは十分ではない。仮に成長率が高くとも，

2）　ヨーロッパ平均は，イギリス，ドイツ，フランス，イタリアの4ヵ国平均値，ASEAN平均は，タイ，マレーシア，インドネシア，フィリピンの4ヵ国平均値，NIES平均は，韓国，台湾，シンガポール，香港の4ヵ国・地域平均値である。

図6.7 **経済成長規模指数**（7年移動平均値）

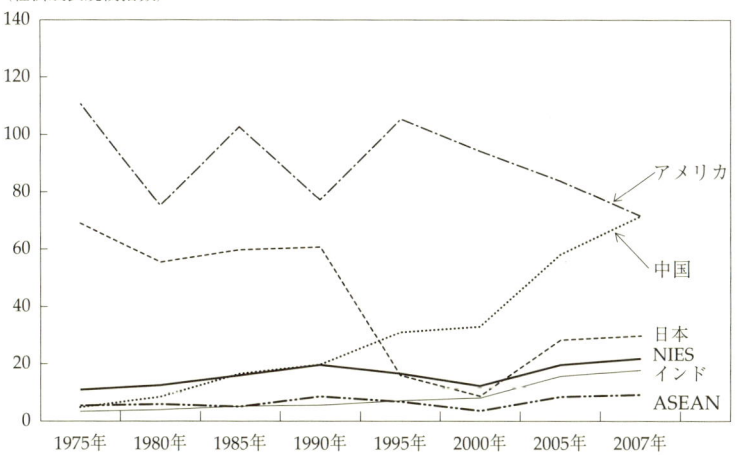

(経済成長規模指数)

	1975年	1980年	1985年	1990年	1995年	2000年	2005年	2007年
アメリカ	111	76	103	78	106	94	84	72
日本	69	56	60	61	16	9	29	30
NIES	11	13	16	20	17	13	20	22
ASEAN	6	6	5	9	7	4	9	9
中国	5	9	17	20	32	33	58	72
インド	4		5	6	8	8	16	18

出所：各国の経済成長率のデータは図6.6と同じ。GDPデータは，CO_2 Emissions from Fuel Combustion (2009 Edition), IEA, Paris より作成。

注：NIESは，韓国，シンガポール，香港，台湾の4ヵ国・地域のものである。ASEANは，タイ，フィリピン，マレーシア，インドネシアの4ヵ国のものである。

経済規模が小さければ近隣諸国や貿易相手国に与えるインパクトも限定的となる。つまり，成長率がより高く，かつ経済規模が大きいほど，当該国の成長は世界経済に対して大きなインパクトをもつ。

この点を示すために，以下では，世界経済に対する影響力を示す指標として経済成長規模指数を導入する。経済規模を表す指標として，世界のGDPに対する当該国のシェアを用いる。経済成長規模指数の定義は次の通りである。

経済成長規模指数＝経済成長率(%)×対全世界GDPシェア(%)

この指数を主要国（地域）について算出しグラフ化したものが図6.7である。

表 6.1　世界の人口上位 5 ヵ国（2009年）

		人口（100万人）	（％）
1	中国	1,346	20
2	インド	1,198	18
3	アメリカ	315	5
4	インドネシア	230	3
5	ブラジル	194	3
	世界合計	6,829	100

出所：世界の統計（総務省統計局 http://www.stat.go.jp/data/sekai/）より作成。

図下の表は経済成長規模指数の数値である。

図 6.7 よりいくつかの点が指摘できる。アメリカは1970年代から一貫して世界経済に対して大きな影響力を持ち続けている。2000年以降はやや低下傾向にあるものの，世界経済に大きな影響を与える国であることには変わりない。また，日本も1990年まではアメリカと並んで影響力をもつ国のひとつであった。しかし，1990年以降，この状況は大きく変化する。バブル崩壊によって日本の経済成長率は大きく落ち込み，その後の長期不況によって低成長が定着したためである。

これに対し，中国およびインドの影響力が近年増している。特に中国の成長はめざましく，1990年代に飛躍的に成長し2007年にはアメリカと並ぶほどの影響力をもつ国となった。また，インドも2000年以降，しだいに成長率とシェアを伸ばしてきている。その結果，2007年には ASEAN（4 ヵ国計）を上回り，NIES（4 ヵ国・地域計）に迫る勢いである。

さらに，中国およびインドの市場規模が巨大である点も無視できない。表 6.1 は，世界の人口の上位 5 ヵ国（2009年）を示している。中国とインドの 2 ヵ国の合計で今や世界人口の約 4 割を占める。今後，両国の一人あたりの国民所得が増加すれば，これまで以上に両国が世界の成長国として重要な役割を果たすと考えられる。

他方，NIES および ASEAN 諸国は，成長率が比較的高かった時期はあるものの，GDP シェアが小さかった。そのため，経済成長規模指数でみればそれほど大きくない。だからといって，世界経済におけるこの地域の重要性が劣るというわけではない。なぜなら，現在，多くの多国籍企業が NIES や ASEAN 地域にアジアの生産拠点をおいている。これはその国の市場を直接投資のターゲットとしているだけではなく，効率的な生産システムの構築，すなわち第三国への輸出基地としての役割を担うことも期待しているのである。つまり，地

理的要因によってもこれらの国ぐにに対する投資の魅力を説明することができる。

　以上みてきたように，世界経済を牽引していく成長国は変遷を繰り返してきた。戦後の世界経済においては，西側諸国，とりわけアメリカが強大な生産力と巨大な市場をもっていた。アメリカが貿易赤字を拡大させることによって，世界経済を牽引してきた。その後，アメリカに代わって1960年代までは日本の消費および投資が，そして1970年代以降は NIES や ASEAN 諸国が，世界経済の成長センターの役割を果たしてきた。しかし，1990年代のアジア通貨危機を契機にこれら諸国の経済成長は鈍化し，その役割は中国，インドへと移っていった。特に，図6.7に示した経済成長規模指数によって，中国およびインドの経済成長が世界経済に対して大きな影響力をもつことが確認できる。

　別の角度から各国の経済成長について考察すると新たなことがわかる。日本は最初に内需を拡大させ，その後に輸出にウェイトをおいた工業化を進めるという自前型の経済成長を遂げることに成功したのに対し，NIES, ASEAN 諸国および中国，インドの経済成長は外国資本の導入をその原動力とするものであった。この点で大きく異なる。

補論　貿易乗数効果の波及プロセス[3]

　貿易乗数効果の波及プロセスについて二国モデルを用いて説明する。二国モデルを用いて説明する理由は，第1国から第2国へ与える一方向的な乗数効果だけでなく，その反作用として第2国から第1国に与える効果も含めて議論するためである。数学的な説明については読み飛ばして，結論のみを参考にしても構わない。

　まず，(2.1)式を利用して，二つの国の財市場の需給均衡を表すと次のようになる。

$$Y_1 = C_1(Y_1) + I_1 + G_1 + E_1(Y_2) - M_1(Y_1) \tag{6.1}$$

$$Y_2 = C_2(Y_2) + I_2 + G_2 + E_2(Y_1) - M_2(Y_2) \tag{6.2}$$

次に，消費関数および輸出入関数について，(6.3)～(6.5)式のように表す。

---

[3]　補論における数学的説明は，岡地（1987）に依拠している。

なお，自国の消費および輸入の水準は自国の国民所得の増加関数であり，輸出の水準は相手国の国民所得の増加関数であるとする。さらに，第1国の輸入は第2国の輸出であり，第2国の輸入は第1国の輸出である。これらの関係を定式化すると以下のようになる。

$$C_i = c_i Y_i \quad (i=1, 2) \tag{6.3}$$

$$M_1 = m_1 Y_1 = E_2 \tag{6.4}$$

$$M_2 = m_2 Y_2 = E_1 \tag{6.5}$$

(6.3)～(6.5)式を(6.1)式および(6.2)式に代入し整理することによって，次の連立方程式を得る。

$$(1 - c_1 + m_1) Y_1 - m_2 Y_2 = I_1 + G_1 \tag{6.6}$$

$$-m_1 Y_1 + (1 - c_2 + m_2) Y_2 = I_2 + G_2 \tag{6.7}$$

これらの連立方程式を全微分し，行列体系で表すと(6.8)式のようになる。なお，(6.8)式の左辺の係数行列式をΔとして示す。また，$A_i = I_i + G_i \ (i=1, 2)$とし，これはそれぞれの国でおこなわれる投資支出（民間投資と政府投資の合計）であるとする。すなわち，このモデルでは投資が民間によるものであるか政府支出によるものであるかは区別しない。

$$\begin{bmatrix} 1 - c_1 + m_1 & -m_2 \\ -m_1 & 1 - c_2 + m_2 \end{bmatrix} \begin{bmatrix} dY_1 \\ dY_2 \end{bmatrix} = \begin{bmatrix} dA_1 \\ dA_2 \end{bmatrix} \tag{6.8}$$

$$\Delta = (1 - c_1)(1 - c_2) + m_1(1 - c_2) + m_2(1 - c_1) > 0 \tag{6.9}$$

さて，（第1国が成長国であるとして）第1国での旺盛な民間投資や政府支出は，第1国の国民所得にどのような影響を与え，第2国の国民所得にどのように波及するのであろうか。これについて比較静学分析を用いて検討をおこなってみる。

$$\frac{dY_1}{dA_1} = \frac{1 - c_2 + m_2}{\Delta} > 0 \tag{6.10}$$

$$\frac{dY_2}{dA_1} = \frac{m_1}{\Delta} > 0 \tag{6.11}$$

上の二つの式が示すように，第1国での投資支出は，第1国の国民所得はもちろん，第2国の国民所得をも増大させる。二つの国の輸入性向が同じ（$m_1 = m_2$）であるとすると，国民所得を増大させる効果は第1国の方が第2国

よりも大きくなることがわかる。

参考文献
太田辰幸著（2003）『アジア経済発展の軌跡——政治制度と産業政策の役割』文眞堂。
岡地勝二（1987）『国際経済学——国際貿易と国際収支』多賀出版。
経済産業省『通商白書』（各年版）日経印刷（http://www.meti.go.jp）。
鈴木峻（1999）『東南アジアの経済 ASEAN 4ヵ国を中心に見た』御茶の水書房。
日本経済新聞社編著（1995）『アジア経済入門』日本経済新聞社。
長谷川啓之編著（2010）『アジア経済発展論』文眞堂。
三木敏夫（2010）『東アジア経済発展論』創成社。

（藤原忠毅）

第7章　グローバル化と財政への影響

　本章の目的は，次の三点である。第1に，利潤拡大と景気対策のために財政赤字の拡大が必要であるが，財政赤字には限界があることを明らかにする。アメリカは財政赤字を持続できる唯一の国であるが，アメリカの財政赤字拡大にも限界があることを明らかにする。第2に，世界的に法人税率の引下げがおこなわれている。日本も法人税率を引き下げようとしているが，本当に高いのであろうか。法人税負担やその他の税負担の実態と法人税率引下げの経済的帰結を明らかにする。第3に，法人税率の引下げは税収の減少となる。税収減少は他の税率の引上げと支出削減をもたらす。支出削減は社会保障費をターゲットにしておこなわれている。社会保障費の削減は人びとの生活の安全・安心をおびやかし，経済活力をそぐことを明らかにする。

1　財政赤字の限界とその経済的帰結

1.1　財政赤字とその実態

　各国はなぜ財政赤字を拡大させようとするのであろうか。財政赤字とは公債の新規発行である。公債は財政政策の発動によって発行される。財政政策の目的は，公共投資の増加による利潤拡大と景気対策である。例えば，2008年9月，リーマン・ショック以降の世界各国は，金融機関の救済と需要低迷の下支えとして，財政政策を発動してきた。一時的に危機に陥った各国金融機関と企業は，各国政府の財政政策によって持ち直し，危機を脱した。これまでに各国は公債発行をおこない続け，債務を累積させてきている。

　政府の債務の実態はどうなっているであろうか。表7.1は，日本とアメリカの長期債務残高の推移を表したものである。日本は661.1兆円，対GDP比で139.7％，米国は9兆9237億ドル，対GDPで69.7％（ともに2009年度）となっている。ともに過去最高の債務残高である。

　政府の赤字は，公債の新規発行の累積額のみ，つまり負債残高のみでみるだ

表 7.1　長期政府債務残高と長期政府債務残高対GDP比率

国名	年度	長期政府債務残高	長期政府債務残高対GDP(%)
日　本 (兆円)	2006	594.5	116.4
	2007	601.7	116.7
	2008	607.0	122.8
	2009	661.1	139.7
アメリカ (10億ドル)	2006	7598.5	57.5
	2007	8053.0	58.0
	2008	8540.4	59.1
	2009	9923.7	69.7

出所：迫田(2010)358-359頁より作成。
注：会計年度は，日本（4月〜翌年3月），アメリカ（前年10月〜9月）である。

図 7.1　政府純債務残高の国際比較（対 GDP 比）

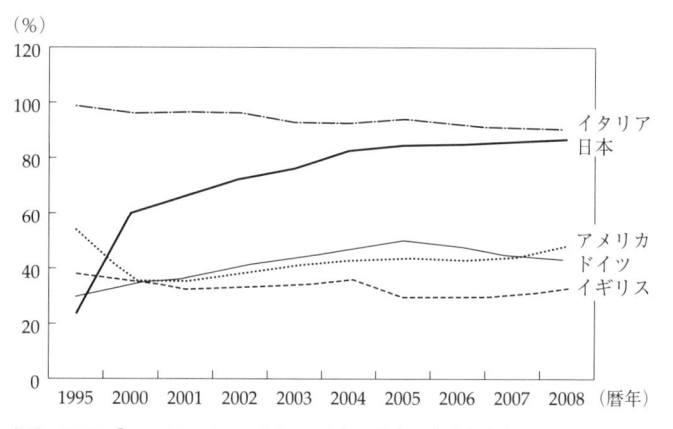

出所：OECD『エコノミック・アウトルック』86号（2009）より作成。
注：計数はSNAベース，一般政府。

けでなく，負債残高から政府が保有する資産残高を引いた純債務残高でもみておく必要がある。

　図7.1は，政府純債務残高の国際比較（対 GDP 比）を表したものである。日本は，純債務でみても，債務残高の対 GDP 比率が主要先進国で高い水準となっている。このことから，政府の財政危機がいわれることとなる。

1.2 財政赤字の弊害

　財政赤字の拡大は利潤拡大と景気対策のために必要であるが，弊害がある。第1に，財政の硬直化である。公債の利払い費や債務償還費の増加が政策的経費を減少させ，さまざまな財政需要に対応できなくなる。すると，人びとの生活や経済活力に悪い影響を与える。例えば，少子・高齢化の進展にともない，社会保障費の増加が見込まれるが，社会保障支出が抑制されると医療サービス・介護サービス・社会福祉サービスの減少を招き，人びとの生活の安全・安心をおびやかす。第2に，財政赤字の拡大は高金利を引き起こす可能性がある。財政赤字は，公債の新規発行でまかなわれる。公債の新規発行が増加すると，公債価格が下落する。公債価格が下落すると，公債の金利が上昇する。第3に，インフレーションの可能性である。景気対策としての財政出動の際，中央銀行が公債を引き受けることがある。貨幣が市場に過剰に供給されることになり，インフレを引き起こす。第4に，国民が重税感を感じ，消費を抑えて資金（所得）を貯蓄に回すことである。財政赤字の拡大は増税をともなう。国民は増税により，将来の消費に備えて手持ちの資金（所得）を貯蓄に回す。重税感は人びとに将来不安を抱かせ，経済活力をそぐ。第5に，公債発行は借金の先送りであるから，現役世代と将来世代との世代間対立を引き起こす。公債発行による便益は，主として現役世代が享受する。しかし，公債償還にともなう税負担は将来の増税などを通じて将来世代の負担となる。現在は公債債務残高が巨額になり，受益と負担のバランスを欠きつつある。将来世代の負担・不満が蓄積することになる。以上の理由から，財政赤字の拡大は一般的には持続できない。したがって財政赤字の拡大によって世界利潤を増やす方法には限界がある。

1.3　政府の赤字と国（国家）の赤字

　財政赤字の拡大は，デフォルト（債務不履行）を引き起こし，財政を破綻させる。財政破綻はどのような場合に起こるであろうか。財政破綻を論じるとき，政府の財政危機と国（国家）の財政危機はわけて議論すべきである。財政再建論者は，基礎的財政収支（プライマリー・バランス）の黒字化を目標とした財政政策をおこなおうとする。本来，財政危機は，国（国家）が外国から借入を増やすことによって対外純負債が大幅に増えて，返済が困難になったときに発

生する。真の財政危機は，対外純負債の拡大によるデフォルトにある。

　政府の赤字と国（国家）の赤字はどう違うのであろうか。一国経済には，家計，企業，政府，海外の各部門がある。財政赤字とは政府部門の赤字を意味する。一国経済でみた場合，政府の赤字は，家計・企業の黒字で相殺されうる。一方，国（国家）の赤字は対外純負債である。対外純負債とは，一国経済の海外部門における負債総額から資産総額を差し引いたものである。

　政府の赤字は財政支出が財政収入を超過する部分であり，政府の債務である。歳出は，一般歳出と地方交付税交付金等と国債費からなる。国債費は，元金償還と利払いからなる。

　　歳出＝一般歳出＋地方交付税交付金等＋国債費
　　　　国債費＝元金償還額＋利払い
　　　　利払い＝利子率×前年度国債残高
　　　一般歳出＝社会保障関係費＋公共事業関係費＋その他歳出

歳入は，税収とその他の収入と公債金収入からなる。公債金収入は新規の国債発行額である。

　　歳入＝税収＋その他収入＋公債金収入

基礎的財政収支とは，公債の新規発行による歳入部分と，公債の元金償還プラス利払いによる歳出部分を除いた歳入合計から，歳出合計を引いたものである。

　　基礎的財政収支（プライマリー・バランス）
　　　＝（税収＋その他収入）－（地方交付税交付金等＋一般歳出）

政府の赤字は，この基礎的財政収支がマイナスになることである。一方，国（国家）の赤字は，一国経済の海外部門における対外負債残高から対外資産残高を差し引いた対外純負債残高である。対外純負債の実態はどうなっているであろうか。表7.2は，主要国の対外資産負債残高を表したものである。日本は266.2兆円（2009年末）の純資産を保有している。日本は，対外資産負債残高を公表している主要国の中で最大の純資産を保有している。一方，純負債が最大なのはアメリカである。314.8兆円（2008年末）の純負債を保有している。

　政府の赤字と国（国家）の赤字を国債流通の面から考えてみる。政府の赤字である国債は，国債の新規発行と償還払いの二つがある。新規発行に関しては，内国債と外国債がある。内国債が多い場合は国内部門での流通となり，一国経

済内で政府部門の赤字が他の国内部門の黒字で相殺される。対外負債とならない。外国債が多い場合は国外部門の保有となり，対外負債となる。償還払いについて，内国債が多い場合は国内部門への償還となり自国通貨建てである。外国債が多い場合は国外への償還となり当該国の通貨建てとなる。

表7.2 主要国の対外資産負債残高　　　　（単位：兆円）

		負債	資産	純負債
日本	09年末	288.6	554.8	-266.2
	08年末	293.7	519.2	-225.5
アメリカ	08年末	2119.7	1804.9	314.8
イギリス	09年末	998.5	971.2	27.3
ドイツ	09年末	558.0	676.9	-118.9
イタリア	09年末	304.8	266.1	38.7

出所：日本銀行国際局（2010）より作成。
注：1）円建てによる各国計数の算出にあたっては，International Financial Statistics, IMF に掲載の各年末レートを用いて換算。
　　2）09年末計数が公表されていないアメリカに関しては，08年末残高を掲載。

　日本は，巨額の財政赤字を抱えているにもかかわらずデフォルトの可能性は低い。国債の新規発行や償還は内国債がほとんどだからである。国内の個人金融資産は約1300〜1400兆円あるといわれている。その資産は，ゆうちょ銀行やかんぽ生命・国内金融機関が国債を購入する資金として使っている。2008年12月末における国債保有者の内訳をみると，日本国債は国内部門93.2％，海外部門6.8％である。

　アメリカを除く国のデフォルトの可能性はどうであろうか。大半の国は，国外部門（国外の投資家・金融機関・政府）が国債を買い保有している。政府の財政赤字が拡大し，1.2で指摘した財政赤字の弊害が表面化すると，その国債発行国に対する信認が低下する。信認が低下すると，国外部門はその国債を売る。国債発行国は慢性的に財政赤字であり，元本およびその利子支払いがおこなえない可能性が高い。対外純負債も多い。したがって，デフォルトとなる可能性は高い。これまでに発生した国家の財政危機（中南米，韓国，ロシア，アイスランド，ギリシャ）は，すべて外国からの大幅な借金増加による。

　アメリカは，財政赤字も対外純負債もともに巨額であるにもかかわらずデフォルトの可能性は低い。アメリカのドルは世界の基軸通貨だからである。ドルへの信認は高い。アメリカ国債を保有することにより，安定的な利子収入を得ることができる。アメリカへの信認は高いけれども限界はある。

1.4 アメリカの財政赤字の持続可能性

将来にわたって,アメリカは財政赤字を持続させることができるであろうか。財政赤字の拡大は需要を増加させるが,アメリカは海外からの輸入の増加によって需要を満たしている。輸出よりも輸入が大きくなり,貿易赤字を拡大させる。貿易の決済はドル建てであるから,輸入の増加は外国のドル保有を増加させる。ドル保有の増加はドル安を招く。

これまでの世界利潤は,アメリカの双子の赤字,すなわち,財政赤字と貿易赤字に支えられてきた。しかし,双子の赤字を永遠に続けることはできない。アメリカの財政赤字の増加は諸問題を生じさせる。例えば,金利の上昇である。財政赤字の拡大によって金利が上昇し,国内投資が減少すると,財政赤字による利潤の増加効果は減少する。また,国内投資が減ると輸出が減るので貿易赤字となる可能性がある。また,対外債務の増加という問題も生じる。海外の投資家たちはアメリカの高金利にひかれて多くの投資をおこなうために,現時点で借入を増やせば対外債務を増やしてしまう。この対外債務の返済のためには,将来の生活水準を切り詰めなくてはならない。

2 法人税率引下げの経済的帰結

2.1 法人所得課税の実効税率

世界的に,法人税率いわゆる法人所得課税の引下げがおこなわれている。現在,日本の法人税率は,国際的にみて高いとされている。

図7.2は,法人所得課税の実効税率の国際比較を表したものである。日本(東京都)が40.69％なのに対し,アメリカ(カリフォルニア州)40.75％,フランス33.33％,ドイツ29.41％,イギリス28.00％,中国25.00％,韓国24.20％である。このことから,日本はアメリカと並んで最高水準にあり,諸外国よりも高くなっていることがわかる。同時に,国税で比較すると,日本は先進主要国と比べて低くなっており,地方税の負担が日本の実効税率を高くしている。

以上のことから,日本の一部の大企業・財界は,地方の法人課税を含めて,法人税率を引き下げて,国際競争力を高めるべきとの議論を展開する。しかし,法人所得課税のみをみて,企業への課税が高いと結論してよいのであろうか。

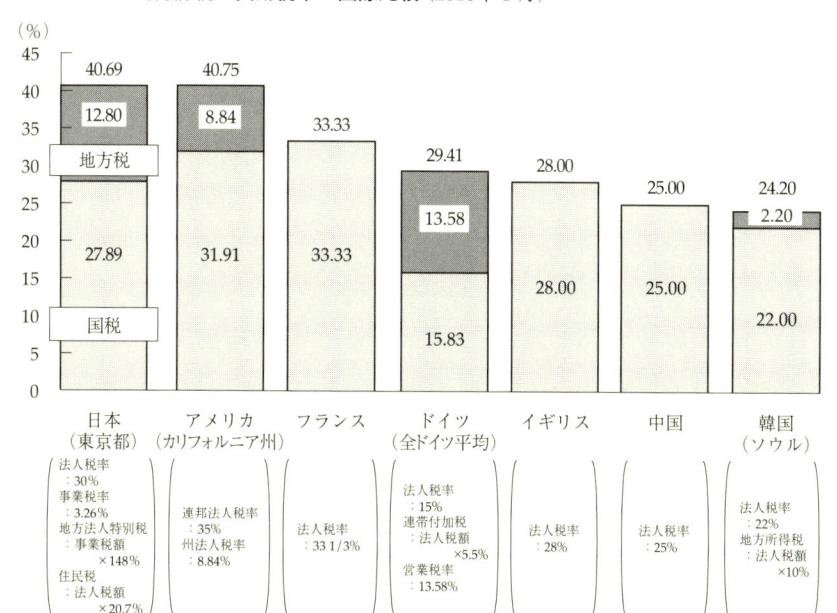

図 7.2 法人所得課税の実効税率の国際比較（2010年1月）

国	国税	地方税	合計
日本（東京都）	27.89	12.80	40.69
アメリカ（カリフォルニア州）	31.91	8.84	40.75
フランス	33.33	—	33.33
ドイツ（全ドイツ平均）	15.83	13.58	29.41
イギリス	28.00	—	28.00
中国	25.00	—	25.00
韓国（ソウル）	22.00	2.20	24.20

日本（東京都）:
- 法人税率：30%
- 事業税率：3.26%
- 地方法人特別税：事業税額×148%
- 住民税：法人税額×20.7%

アメリカ（カリフォルニア州）:
- 連邦法人税率：35%
- 州法人税率：8.84%

フランス:
- 法人税率：33 1/3%

ドイツ（全ドイツ平均）:
- 法人税率：15%
- 連帯付加税：法人税額×5.5%
- 営業税率：13.58%

イギリス:
- 法人税率：28%

中国:
- 法人税率：25%

韓国（ソウル）:
- 法人税率：22%
- 地方所得税：法人税額×10%

出所：財務省ホームページ（http://www.mof.go.jp/genan22/zei001e.htm）より作成。
注：上記の実効税率は，法人所得に対する租税負担の一部が損金算入されることを調整したうえで，それぞれの税率を合計したものである。

他の法人課税の実態を明らかにしてみる必要がある。

2.2 企業へのその他の課税の国際比較

　法人に対する課税として，次の三つもあわせて比較する必要がある。第1に，地方の事業・営業に対する課税である。第2に，不動産に対する課税である。第3に，社会保険料の雇用主負担である。法人所得課税に加えて，これら三つをあわせて国際比較をおこない，日本の法人に対する税率が高いのか低いのかを明らかにする。

　表 7.3 は，主要先進国の法人課税の負担に関する国際比較（対 GDP 比）を表したものである。法人所得課税のみについてみると，日本3.8％と一番高くなっている。主要先進国は日本よりも低くなっている。ところが，法人課税の合計でみてみると，日本9.4％であり，イギリス（8.3％），ドイツ（9.2％）よ

表 7.3　法人課税の負担に関する国際比較（対GDP比，2004年）　　　（単位：%）

区　分	日　本	アメリカ	イギリス	ドイツ	イタリア	フランス
法人所得課税	3.8	2.2	2.9	1.6	2.8	2.8
地方の事業課税	(0.8)			0.5	2.3	1.5
（小計）	3.8	2.2	2.9	2.1	5.1	4.3
不動産課税	1.1	1.5	1.6	0.3	0.5	0.6
社会保険料負担	4.5	3.4	3.7	6.9	8.7	11.0
民間医療保険負担		4.0				
合計	9.4	11.2	8.3	9.2	14.3	15.8

出所：井立（2007）より作成。
注：1）税率の合計＝法人所得課税＋地方の事業課税＋不動産課税＋社会保険料負担＋民間医療保険負担
　　2）各国の各税率を足し合わせたとき，合計が一致しない場合がある。それは，小数点第2位以下の税率を表記していないためである。

りは高いものの，アメリカ（11.2%），イタリア（14.3%），フランス（15.8%）よりは低くなっていることがわかる。特に，社会保険料雇用主負担についてみると，日本4.5%となっており，ドイツ（6.9%），イタリア（8.7%），フランス（11.0%）よりも低くなっている。

　企業の租税負担については，法人所得課税とともに，社会保険料の雇用主負担も大きなウェイトを占めていることに注意すべきである。日本は他国よりも法人所得課税の税率，いわゆる法人税率が高いといわれているが，企業の社会保障費負担は少ない。

2.3　法人の税負担率

　次に，法人の税負担率の実態をみておく。表7.4は，主要先進国およびアジア諸国における法人税率および法人所得課税・消費課税負担率（対GDP比）を表したものである。

　法人税率（法人所得課税国税分）をみると，日本は30.0%であり諸外国と比べると高い。しかし，法人所得課税負担率1.5%は，ドイツ（0.7%），インドネシア（1.0%）に次いで3番目に低く，消費課税負担率3.6%は，アメリカ（0.7%）に次いで2番目に低い。法人の税負担率でみると，日本は低いほうに位置する。また，アメリカ，マレーシアを除く国では，消費課税負担率が法人所得課税負担率よりも高くなっていることがわかる。

表7.4 主要先進国およびアジア諸国における法人税率
および法人所得課税・消費課税負担率
（対GDP比，2010年1月） （単位：%）

	法人税率	法人所得課税負担率（対 GDP 比）	消費課税負担率（対 GDP 比）
日本	30.0	1.5	3.6
アメリカ	35.0	2.7	0.7
イギリス	28.0	3.4	10.7
ドイツ	15.0	0.7	7.0
イタリア	27.5	3.6	9.0
韓国	22.0	3.7	7.3
台湾	20.0	3.0	4.2
マレーシア	25.0	8.1	6.0
インドネシア	25.0	1.0	6.4
タイ	30.0	5.3	8.8

出所：財務省ホームページ（http://www.mof.go.jp/jouhou/syuzei/siryou/248.htm）より作成。
注：法人税率は，基本税率を記載している。

以上のことから，多国籍企業は，海外進出にあたって，単に法人所得課税，いわゆる法人税率の引下げのみをみるのではなく，他の法人課税（率）や社会保障（社会保険料）の雇用主負担分を考慮して進出を決定するであろうことが推測できる。また，対 GDP 比や対国民所得比でみた税負担率は，消費課税負担率が法人所得課税負担率よりも高いのである。

2.4 法人税率低下の経済的帰結

仮に，法人税率引下げが有効だとしよう。その結果はどうなるであろうか。ある国が他国よりも税率を低くして企業を誘致しようとすれば，他国も対抗的に引き下げる。この結果は，限りない税率の引下げ競争である。企業を誘致する目的は，そのことによって税収が増えることである。税収は，課税対象額（利潤や固定資産など）に税率を掛けたものだから，課税対象額が増えたとしても税率の低下によって租税収入が低下するであろう。

仮に，法人税率を引き下げて，多国籍企業の誘致に成功したとしよう。法人税率の引下げにともなう税収減収分をどのように穴埋めするのか。税収が下がると他の税を上げるか歳出削減で対応しようとするであろう。

法人税率(法人所得課税)の引下げを議論するとき，①法人税率(法人所得課税)の高さ・低さのみを議論して引下げをおこなうのは間違いであり，②その他の法人課税の税率や実際の税負担率をみて議論すべきである，③多国籍企業がある国に進出する際，単に法人税率(法人所得課税)の水準のみをみて進出するのではなく，産業基盤の整備状況(空港，港湾，高速道路，IT環境など)，労働者の賃金水準，投資の優遇税制などを重視している。

3　財政支出削減の影響

　財政赤字のもと，法人税率やその他の税率を下げたりすることは，税収を減らすことになる。財政赤字がさらに拡大すると，公的支出の削減がおこなわれる。公的支出の削減は，社会保障関係費でおこなわれるケースが多い。財政赤字を抱える国は，社会保障費を抑制，さらには削減しようとする。

　また，グローバル化は，勤労者所得を減らし，勤労者貯蓄を減らそうとする。雇用の非正規化・低賃金化である。企業は，労働コスト(賃金の削減，社会保険料の雇用主負担)削減を促進する。雇用の流動化が進む。雇用の流動化が進むと，生活上のリスクが増大する。生活保障が重要となる。したがって，いっそう社会保障を充実させなければいけないのに，社会保障費を削減しなければいけないジレンマに陥ることになる。財政赤字をもつ国が社会保障を充実させようとするならば，国民に相応の負担を求めることになる。

　先進諸国の社会保障の姿はどうなっているであろうか。現在の先進諸国の社会保障のあり方を比較してみる。まず，給付面である。図7.3は，社会支出(対国民所得比)の国際比較を表したものである。社会支出とは，OECD基準でみた社会保障関係給付費である。日本は26.29％である。アメリカ20.10％，イギリス28.16％，ドイツ37.51％，フランス40.63％，スウェーデン41.90％である。

　次に，負担面である。図7.4は，租税負担および社会保障負担(対国民所得比)の国際比較を表したものである。図の下側の数字は租税負担，上側の数字は社会保障負担を表す。租税負担率と社会保障負担率の合計が国民負担率となる。日本の国民負担率は38.4％である。アメリカ34.5％，イギリス48.3％，ドイツ51.7％，フランス62.2％，スウェーデン70.7％である。

図7.3 社会支出（対国民所得比）の国際比較（2005年）
（単位：％）

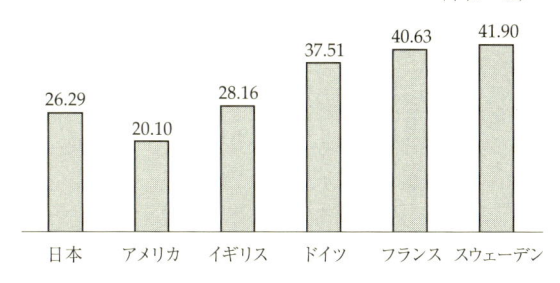

日本	アメリカ	イギリス	ドイツ	フランス	スウェーデン
26.29	20.10	28.16	37.51	40.63	41.90

出所：Social Expenditure Database 2008, OECD より作成。
注：日本は年度、その他は暦年である。

図7.4 租税負担および社会保障負担（対国民所得比）の国際比較（2005年）
（単位：％）

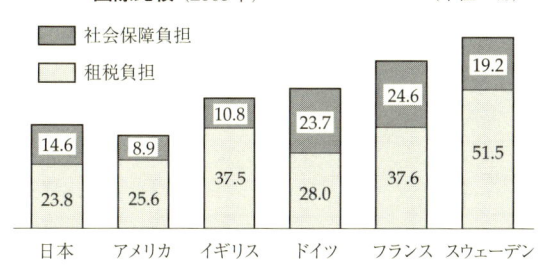

	日本	アメリカ	イギリス	ドイツ	フランス	スウェーデン
社会保障負担	14.6	8.9	10.8	23.7	24.6	19.2
租税負担	23.8	25.6	37.5	28.0	37.6	51.5

出所：National Accounts, OECD および Revenue Statistics, OECD より作成。
注：日本は年度、その他は暦年である。

図7.3、図7.4 からいえることは、各国の対応は、低福祉・低負担型か、中福祉・中負担型か、高福祉・高負担型だということである。先進各国は、高い給付水準を維持するなら高い負担を求め、低い給付水準でよいならば低い負担でよいという社会保障をおこなってきた。今後、各国が社会保障制度を持続させるには、低福祉・低負担型、中福祉・中負担型、高福祉・高負担型のいずれかの形をとらなければならなくなる。高福祉・低負担や低福祉・高負担は持続できないであろう。

日本が手本にすべき社会保障は、スウェーデンのような福祉レジーム・雇用レジームの構築である[1]。スウェーデンの生活保障の特徴は、「積極的労働市

場政策を核とした雇用保障であった。雇用保障が課税ベースを拡大し社会保障を支え，社会保障が人びとの就労条件を拡げて雇用保障を補強した」ことである[2]。ただし，注意しなければならないのは，スウェーデンが積極的労働市場政策を必要としたのは，労働力を産業の低生産性部門から高生産性部門へ移動させて経済成長をはかってきたという点である。生産性の高い企業が増えると，一国経済全体として省力化が進み，労働力を吸収しなくなる。労働生産性は上昇し経済成長率が向上しても「雇用なき成長」となってしまう。

今後，各国は財政赤字のもと，社会保障と雇用保障の二本の柱からなる生活保障の充実をはからなければならなくなる。スウェーデンが示したように，雇用保障を充実させると課税ベースが拡大し税収が増える。「財政赤字だから社会保障費を削減する」という方法は，人々の安全・安心・健康をおびやかし，人びとの活力をそぐ。社会保障費を増やすのであれば，国民の負担を増やすか課税ベースを増やすかである。われわれは，課税ベースを増やすことが良いと考える。その方法としてアクティベーション（活性化）がある。アクティベーションとは，「社会保障の目的として，人々の就労や社会参加を実現し継続させることを前面に掲げ，また，就労および積極的な求職活動を，社会保障給付の条件としていこうとする考え方」である[3]。平たく言えば，雇用と社会保障の新しい連携を労働市場の活性化に求め，できるだけ多くの人びとに労働市場に参加してもらい，各種の給付を受け取れるようにしていくことである。労働市場に参加すること，すなわち働くことは，日本国憲法第13条に保障されている幸福追求権である。また，第27条第１項には，「すべて国民は，勤労の権利を有し，義務を負ふ」とあり，働くことは権利であり，義務なのである。幸福追求のために，働くこと・働く場があることが重要である。

---

1) 福祉レジームとは，社会保障や福祉サービスにかかわるいくつかの制度が組み合わされ，全体としてある特質をもつにいたった体制である。宮本（2009）13頁参照。雇用レジームとは，労使関係と雇用保障制度，労働市場政策，経済政策や産業政策などが，雇用の維持・拡大をめぐってつくりだす連携関係である。宮本（2009）23頁参照。
2) 宮本（2009）87-88頁参照。
3) 宮本（2009）124-125頁参照。

参考文献

井立雅之（2007）「法人課税の負担水準に関する国際比較について」（神奈川県地方税制等研究会『地方税源の充実と地方法人課税』第8章所収）。
迫田英典（2010）『図説 日本の財政（平成22年度版）』東洋経済新報社。
日本銀行国際局（2010）『2009年末の本邦対外資産負債残高』（http://www.boj.or.jp/type/ronbun/ron/research07/data/ron1005a.pdf）。
本田豊（2007）「財政再建」（菊本義治ほか『日本経済がわかる経済学』第4部第4章所収）桜井書店。
宮本太郎（2009）『生活保障──排除しない社会へ』岩波新書。

（齋藤立滋）

第8章　経済のグローバル化と労働市場

　国境を越えた財・サービスの取引が増えている。また海外直接投資が増えて企業の多国籍化が進展している。直接投資の増加や企業の多国籍化が投資受入国（途上国）の経済成長を促進する一方で，投資国（先進国）の雇用と労働条件に対して負の影響をおよぼすことが懸念される。本章では，企業の多国籍化をともなう経済のグローバル化が，先進国の労働所得や途上国の賃金に与える影響について考察する。そしてグローバル化時代の労働政策の基本的な考え方について述べる。

1　利潤と家計貯蓄

　企業は利潤を求めて，世界各地で生産活動をおこなう。まず企業の利潤と家計（労働者）の所得との関係を考えよう。一国の経済活動を把握するための世界標準となっている国民経済計算の概念を用いると，次の関係が成立する。

　　　国内利潤（税引き）＋家計貯蓄＝投資＋財政赤字＋貿易黒字　　　(8.1)

　(8.1)式の左辺の合計は国内貯蓄（経済余剰）になっており（第1章参照），それが企業利潤もしくは家計貯蓄に分配されている。家計貯蓄を右辺に移行すれば次の式が得られる。

　　　国内利潤（税引き）＝投資＋財政赤字＋貿易黒字－家計貯蓄　　　(8.2)

　国内貯蓄（経済余剰）が家計により多く分配されて家計貯蓄が増えるならば，企業の国内利潤は圧迫される。逆に国内貯蓄（経済余剰）が家計にあまり分配されず家計貯蓄が減るならば，企業の国内利潤は増えることになる。

　(8.2)式は次のようにも解釈できる。家計貯蓄は家計可処分所得から家計消費を引いたものであるので，家計可処分所得の低下は家計貯蓄の減少をともなう。企業が賃金や社会保険負担などの労働コストを削減すると家計可処分所得が低下するので，家計貯蓄が減少して，利潤が増えることになる。

　分析を進めるために(8.2)式の両辺を GDP で割ると，

$$\text{国内利潤比率(税引き)} = \text{民間投資比率} + \text{財政赤字比率} + \text{貿易黒字比率}$$
$$- \text{家計可処分所得比率} \times \text{家計貯蓄率} \quad (8.3)$$

となる。ここで国内利潤比率とは，国内利潤の GDP に対する比率を表している。民間投資，財政赤字，貿易黒字，家計可処分所得の GDP に対する比率も同様に表現している。また $\text{家計貯蓄率} \equiv \dfrac{\text{家計貯蓄}}{\text{家計可処分所得}}$ となっている。(8.3)式が意味するのは，国内利潤比率が増えるためには，民間投資比率，財政赤字比率，貿易黒字比率を増やすか，家計可処分所得比率や家計貯蓄率を減らすことが必要ということである。先進国では，経済成長率の鈍化によって民間投資比率が高度成長期に比べて停滞している。また国内では不況期には財政赤字を増やして，景気対策をおこなうことができても，それを持続することはできない (第7章参照)。そうであれば，先進国の企業が利潤比率を増やすためには，経済成長率や民間投資比率の高い外国に進出すること (第6章参照)，もしくは国内の貿易黒字比率を増やすこと，もしくは家計可処分所得比率や家計貯蓄率を減らすことに力を注ぐことになるであろう。まずは家計貯蓄率と家計可処分所得比率について先進国の動向をみていこう。

2　グローバル化と先進国の労働市場

家計貯蓄率の動向

　図8.1は，OECD 諸国の1990年代から2000年代にかけての家計貯蓄率の変化を示したものである[1]。スウェーデン，スロベニア，ノルウェー以外の国ぐにで，家計貯蓄率が減少していることがわかる。特に韓国 (マイナス15.5ポイント)，イタリア (マイナス8.7ポイント)，日本 (マイナス8.1ポイント) で家計貯蓄率の減少幅が大きくなっている。このように90年代から2000年代にかけて，先進国では家計貯蓄率が減少傾向にあり，その結果，企業が国内利潤比率を徐々に高めることができたと考えられる。

---

1)　ここではデータ制約から1989〜1998年の平均値を1990年代の代表値，1999〜2008年の平均値を2000年代の代表値として扱う。

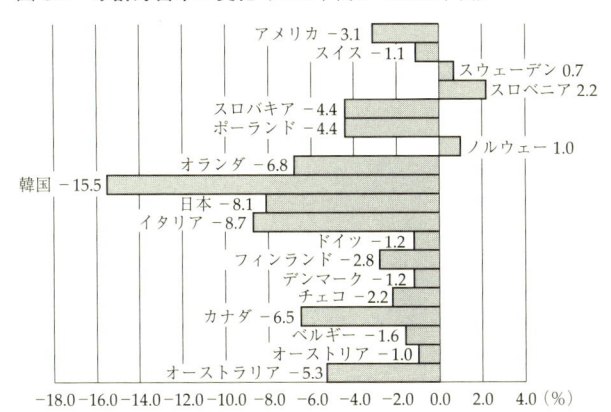

図 8.1　家計貯蓄率の変化（1990年代から2000年代）

アメリカ －3.1
スイス －1.1
スウェーデン 0.7
スロベニア 2.2
スロバキア －4.4
ポーランド －4.4
ノルウェー 1.0
オランダ －6.8
韓国 －15.5
日本 －8.1
イタリア －8.7
ドイツ －1.2
フィンランド －2.8
デンマーク －1.2
チェコ －2.2
カナダ －6.5
ベルギー －1.6
オーストリア －1.0
オーストラリア －5.3

出所：Economic Outlook 2010, OECD データベースより作成。
注：1）家計貯蓄率＝純家計貯蓄／純家計可処分所得，純家計貯蓄＝純家計可処分所得－家計消費。
　　2）各国の家計貯蓄率の変化は，1990年代（1989～1998年）の家計貯蓄率の平均値と2000年代（1999～2008年）のその平均値を比較し，それを%ポイントで表したものである。
　　3）OECD stat のデータベースでは，ドイツは1991年から，チェコは1993年から，またポーランドとスロバキアとスロベニアはそれぞれ1995年からデータベースに存在している。そのためこれらの国ぐにの1990年代の平均値は，その期間を平均したものを用いている。

賃金シェアの変化

　家計可処分所得の大部分は雇用者報酬である。雇用者報酬は，生産活動から生み出された付加価値のうち労働を提供した雇用者への分配額を意味しており，賃金，給与，企業の社会保険負担などが含まれている。

　図 8.2 は，図 8.1 と同期間における OECD 諸国の賃金シェア（GDP に占める雇用者報酬の割合）の変化を示したものである。アイスランド，ギリシャ，ポルトガル，デンマークの各国では，90年代から2000年代にかけて賃金シェアが増加している。アメリカ，イギリス，スイス，フランス，チェコ，ベルギーはあまり変化していない。それ以外の国ぐにでは，賃金シェアが低下している[2]。このように大半の先進国で賃金シェアが低下することによって可処分所得比率が低下し，国内税引き利潤比率が増加していると考えられる。

　では，先進国の賃金シェアの低下傾向はどのような原因で生じているのであ

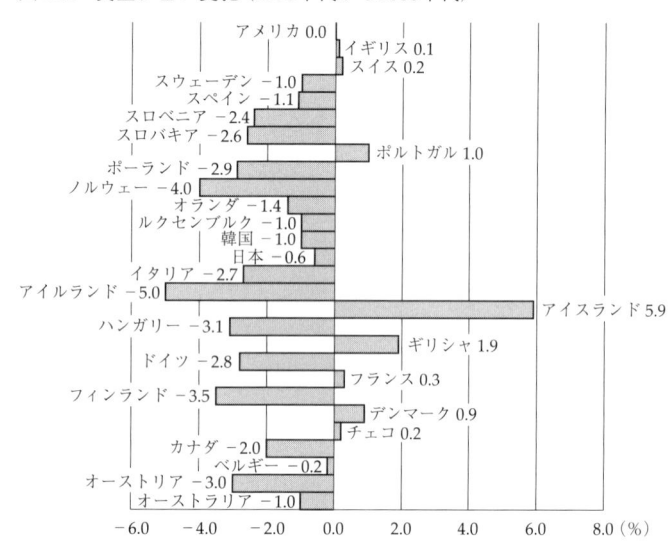

図8.2 賃金シェア変化（1990年代から2000年代）

アメリカ 0.0
イギリス 0.1
スイス 0.2
スウェーデン −1.0
スペイン −1.1
スロベニア −2.4
スロバキア −2.6
ポーランド −2.9
ポルトガル 1.0
ノルウェー −4.0
オランダ −1.4
ルクセンブルク −1.0
韓国 −1.0
日本 −0.6
イタリア −2.7
アイルランド −5.0
アイスランド 5.9
ハンガリー −3.1
ドイツ −2.8
ギリシャ 1.9
フィンランド −3.5
フランス 0.3
デンマーク 0.9
チェコ 0.2
カナダ −2.0
ベルギー −0.2
オーストリア −3.0
オーストラリア −1.0

出所：図8.1と同じ。
注：1）各国の各年のGDPに占める雇用者報酬の割合（％単位）を計算し，その1990年代（1989～1998年）の平均値と2000年代（1999～2008年）の平均値を比較し，それを％ポイントで表している。
2）OECD statのデータベースでは，ポーランドは1990年から，ドイツとハンガリーは1991年から，チェコとスロバキアは1993年から，スロベニアは1995年からデータが存在している。そのためこれらの国ぐにの1990年代の平均値は，その期間を平均したものを用いている。

ろうか。このことを確認するため，次に賃金シェアの変化率についての要因分解をおこない，先進国の実質賃金率上昇率と労働生産性上昇率の動向をみていく。

賃金シェア低下と実質賃金率の関係

賃金シェア μ_L は，名目GDPに占める雇用者報酬であるので，次のような

---

2) 本文では示さなかったが，

$$家計貯蓄率 = \frac{家計貯蓄}{家計可処分所得} = \frac{家計可処分所得 - 家計消費}{家計可処分所得} = 1 - \frac{家計消費}{家計可処分所得}$$

という関係に注意して，1990年代から2000年代にかけてのGDPに占める消費の割合と賃金シェアの動向を詳細にみていくと，オーストラリア，オーストリア，カナダ，フィンランド，ドイツ，ハンガリー，アイルランド，イタリア，日本，韓国，オランダ，ノルウェー，ポーランド，スロバキア，スロベニア，スウェーデンの各国では，賃金シェアの低下が可処分所得の伸びを抑え，家計貯蓄率を低下させたと考えられる。

式で表現できる。

$$\mu_L = \frac{whN}{PY} = \frac{w}{P}\frac{1}{Y/hN} = \frac{R}{L_P} \tag{8.4}$$

ここで w は労働時間あたり賃金，P は物価指数，h は一人あたり年間労働時間，N は雇用者数，Y は実質 GDP，R は実質賃金率，L_P は単位労働時間あたりの労働生産性である。(8.4)式の二つ目の式の分母は名目 GDP（国内で一年間に生み出された付加価値の総額）を，分子は全雇用者が受け取った一年間の雇用者報酬総額を表している。この式を展開していくと，賃金シェアは最終的に，実質賃金率を労働生産性で割ったものに等しくなる。(8.4)式を変化率で表すと，

$$\frac{\dot{\mu}_L}{\mu_L} = \frac{\dot{R}}{R} - \frac{\dot{L}_P}{L_P} \tag{8.5}$$

となる。ここでドットは時間あたりの変化量を意味する[3]。(8.5)式が意味するのは，賃金シェアの変化率は，実質賃金率上昇率から労働生産性上昇率を引いたものに等しくなるということである。つまり賃金シェアが低下するのは，労働生産性上昇率よりも実質賃金率上昇率が低いことが要因となる。

この点について，各国のデータをみていこう。図 8.3 は，1989年から2008年における実質賃金率上昇率 $\left(\dfrac{\dot{R}}{R}\right)$ と労働生産性上昇率 $\left(\dfrac{\dot{L}_P}{L_P}\right)$ の年あたり平均値を示している。

アメリカ，スウェーデン，スロバキア，ノルウェー，オランダ，ルクセンブルク，日本，イタリア，アイルランド，ハンガリー，ドイツ，フランス，フィンランド，カナダ，ベルギー，オーストリアの各国で，労働生産性上昇率が実質賃金率を上回っている。図 8.2 の賃金シェアの変化をみると，これらの国ぐにでは，おおむね賃金シェアの低下傾向が確認できる[4]。90年代から2000年代にかけて労働生産性上昇率よりも実質賃金率の上昇率が低い水準に抑制されたことにより，賃金シェアの低下傾向がもたらされたのである。

---

3) ここでは $\dot{R}$ と $R_t - R_{t-1}$ はほぼ同じ意味と理解してもさしつかえない。ここで t は時点 t における実質賃金率の値を意味する。

図 8.3 実質賃金率上昇率と労働生産性上昇率の年平均値
（1989〜2008年）

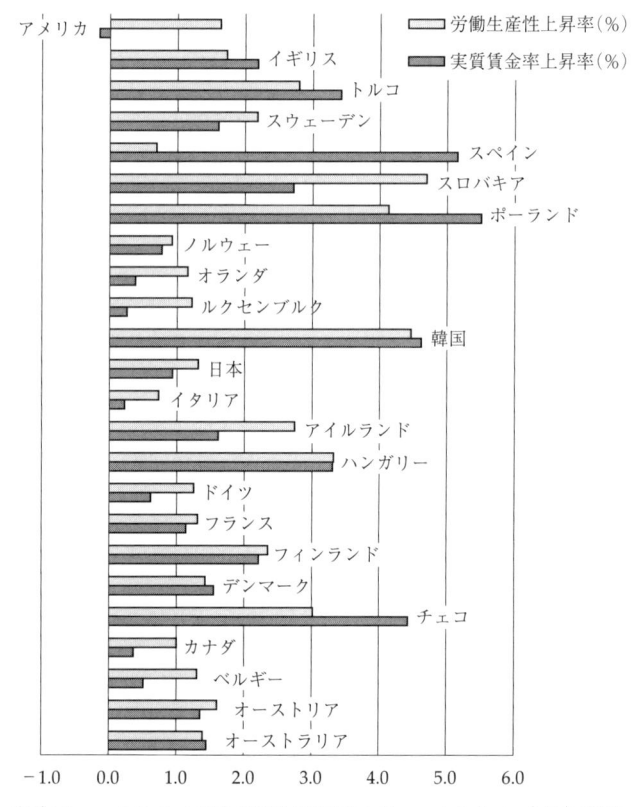

出所：Economic Outlook 2010, OECD および Main Economic Indicator (MEI), OECD データベースより作成。

注： 1) 各国の各年の消費者物価指数と賃金（MEI database）データから，1989年から2008年までの実質賃金率上昇率と労働生産性上昇率の平均値を示している。時間給データが整備されていない場合は，週もしくは月の賃金データを用いている。労働生産性は，1時間労働あたりのGDPを表している。
2) 労働生産性上昇率と実質賃金率上昇率のデータが存在しない年が異なることもあるため，1989年から2008年の実質賃金率上昇率と労働生産性上昇率の平均値を計算するうえで，開始年次を統一している。韓国は1991年から，ドイツは1992年から，チェコは1994年から，スロバキアは1995年から，ハンガリーとポーランドは1996年から開始している。

ではなぜ先進国では実質賃金率の伸び率が90年代以降低い水準に抑制されてきたのであろうか。次節で実質賃金率がどのように決まるのかについて考察し

た後,計量経済学的な手法を用いてこの問いに答えよう。
実質賃金率と経済のグローバル化
　実質賃金率は,基本的には各国の経済状況や労働市場の状況,労使間の力関係によって決まってくる。例えば,経済成長率が高く労働生産性上昇率が高ければ,賃金が高くなる傾向がある。しかし労働生産性上昇率が高くても失業率が高ければ,実質賃金率の伸びは小さくなる。また労働組合の力が相対的に強ければ,失業率の高まりなど労働市場の状況が悪化してもある程度の賃上げが実現される。

　このように実質賃金率は,基本的には国内要因によって決まる。しかし国内経済と海外との関係が強まるにつれて,すなわち経済のグローバル化が進展するにつれて,国内の実質賃金率の決定に海外の労働市場の影響がおよぶようになったと考えられる。

　特にこれまで国内だけで生産活動をおこなっていた企業が海外での事業展開を進める中で,国内での生産コストと海外での生産コストを比較して労使の賃金交渉に望むようになれば,労働組合は賃金交渉に腰が引けてくる可能性が高い。つまり企業が国内での雇用を海外に切り替えるという脅し文句を労働組合に対して投げかけることで,労働組合は賃上げを求めることに消極的になると考えられる[5]。

　企業の多国籍化が進展すると,海外の労働者が国境を越えた移動をしなくても,企業は国内の労働者と海外の労働者を競争させることが可能となり,労使間の力関係が企業側に有利に働くことになる。すなわち企業の多国籍化は,海外の労働を潜在的な労働供給として取り込み,国内の労働組合側の力を弱めて

---

4) 図8.3の結果と図8.2の賃金シェア低下傾向の関係は必ずしも一対一に対応しているわけではない。その理由として,期間の取り方が違うこと,そして雇用者報酬には企業の福利厚生の一部や,社会保険負担が含まれているが,データの賃金には含まれていないことが考えられる。また賃金データが時間給ではなく,日給もしくは月給である国もあるため,労働者一人あたりの労働時間変化も賃金シェアに影響する可能性がある。

5) Nishiyama, Hiroyuki and Masao, Yamaguchi (2010), "Foreign Direct Investment and the Unionization Rate," *International Economic Journal*, Vol. 24, issue 1, pp. 45-52 によれば,多国籍企業内の国内雇用に占める国内労働組合員の比率がある水準を下回ると,それが企業側の海外生産機会 (outside option opportunity) を広げることにつながり,労働組合側は労使交渉で強く主張できなくなることを説明している。

いく。その結果，実質賃金率の伸び率が低い水準に抑制されると考えられる。

それでは「企業の多国籍化によって実質賃金率の上昇率が抑制される」というこの仮説命題を，計量経済学の手法を用いて検証しよう[6]。推計モデルは次の通りである。

$$rw_{it} = a + \beta lp_{it} + \gamma Unem_{it} + \delta FDI_{it} + \sigma Union_{it} + u_{it} \quad (8.6)$$

ここで添え字の i は国，t は時点を表している。また a は定数項，rw は実質賃金率上昇率，lp は労働生産性上昇率，$Unem$ は失業率，FDI は GDP に占める対外直接投資の割合，$Union$ は組合密度（union density），u は誤差項を表している[7]。各国の1985年から2008年のデータを用いて，(8.6)式の $a, \beta, \gamma, \delta, \sigma$ を推計する[8]。

(8.6)式の推計は，被説明変数である実質賃金率の上昇率が，各説明変数によってどの程度説明されるのかをみるものである。国内要因によって説明される部分は，労働生産性の上昇率，失業率，組合密度の各項である。海外要因で説明される部分は，企業の多国籍化の代理変数である GDP に占める海外直接投資額の割合の項である。推計された FDI の係数 δ が，マイナスの値であれば，企業の多国籍化が実質賃金率の伸び率を抑制する影響を与えていることが示唆される。

(8.6)式の推計結果は表 8.1 に示している。国内要因では労働生産性上昇率の係数が 1 ％有意でプラスの値，失業率の係数が 1 ％有意でマイナスの値となっている。しかし組合密度の係数はプラスの値であるが，有意になっていない。この結果から，労働生産性上昇率が高くなれば実質賃金率上昇率が高くなるが，失業率が高くなれば，実質賃金率上昇率は低くなるという関係が存在することが示唆される。一方，海外要因に関しては，対外直接投資比率の係数が10％有意でマイナスの値となっており，「実質賃金率の上昇率の鈍化が企業の多国籍

---

[6] 企業の多国籍化に加えて，移民の増加も，実質賃金率の決定に影響をおよぼしていると考えられるが，ここでは，企業の多国籍化に焦点を絞る。

[7] 「組合密度（union density）」は，労働組合に所属している人の一国全体の賃金総額を，全雇用者の一国全体の賃金総額で割ったものである。労働市場の国際比較をする際には，一国全体の組合の交渉力を表す指標として用いられることが多い。

[8] ここでの推計に用いた固定効果モデルの推計方法やデータは補論で解説している。

表8.1　推定結果（固定効果モデル）

	係数	標準誤差	t値
定数項 a	0.015	0.007	2.079**
労働生産性上昇率 β	0.428	0.166	2.582***
失業率 γ	−0.157	0.053	−2.947***
FDI δ	−0.004	0.002	−1.789*
組合密度 σ	0.017	0.023	0.715
自由度調整済み決定係数	0.301		
国数	25		
期間	1985〜2008		
パネル（標本数）	461		

注：***は1％有意，**は5％有意，*は10％有意を表す。Whiteの不均一分散頑健標準誤差（HCSE）を用いてt値を計算している。

化によって引き起こされている」という理論仮説は棄却できない[9]。すなわち，企業の多国籍化が実質賃金率の上昇率に対して，負の影響をおよぼしている可能性が示唆される。

なお関連研究では，ILO（2010）が1995年から2007年の世界各国のデータを用いて計量分析をおこなっている。ILOの分析によると，GDPに占める雇用者報酬の変化に対して，GDPに占める貿易総額（輸出＋輸入）の増加が，負の影響を与えることを示している。この分析結果は，貿易の増加による経済のグローバル化が賃金シェアの低下をもたらすことを示唆している。貿易の増加は製品の価格・品質競争を激化させる。企業は製品の価格・品質競争に対応する形で，人件費削減競争を繰り広げる。その結果，各企業の人件費削減圧力が強まり，労働組合の賃上げ圧力が弱まり，賃金シェアの低下が引き起こされると考えられる。

なお途上国から先進国への移民の流入も，企業の多国籍化と同様に，潜在的労働供給を増やし，賃金の下落圧力となると考えられる。

以上，経済のグローバル化が先進国の労働所得に与える影響について分析してきた。次節では，経済のグローバル化が途上国の賃金に与える影響について

9）補論の表8.5で示しているように，2方向固定効果モデルと変量効果モデルの推計でも，FDIの係数δは有意なマイナスの値となっている。

表8.2 2009年のアジア主要都市における製造業工員の月収

都市名	米ドル（月額）	日本=100	2009年9月の平均値を採用
チェンナイ（インド）	166.8	5.4	1米ドル=45.62ルピー
ニューデリー（インド）	196.2	6.3	1米ドル=45.62ルピー
ジャカルタ（インドネシア）	147.7	4.8	1米ドル=9205ルピア
シンガポール（シンガポール）	966.9	31.2	1米ドル=1.3886シンガポール・ドル
バンコク（タイ）	230.6	7.4	1米ドル=32.874バーツ
マニラ（フィリピン）	295.8	9.5	1米ドル=45.745ペソ
ダッカ（バングラデシュ）	47.2	1.5	1米ドル=69.045タカ
ハノイ（ベトナム）	104.0	3.4	1米ドル=17941ドン
ホーチミン（ベトナム）	99.7	3.2	1米ドル=17941ドン
クアラルンプール（マレーシア）	256.6	8.3	1米ドル=3.3400リンギ
ヤンゴン（ミャンマー）	22.8	0.7	1米ドル=1013チャット
ソウル（韓国）	1219.5	39.4	1米ドル=1125.00ウォン
上海（中国）	302.2	9.8	1米ドル=6.8271人民元
深圳（中国）	234.6	7.6	1米ドル=6.8271人民元
横浜（日本）	3098.9	100.0	1米ドル=91.1円

出所：JETRO「投資コスト比較」より作成。
注：アジア主要都市を対象に，2009年9月〜10月にJETROが実施した調査で，実務経験3年程度の製造業作業員の賃金を比較している。ドルとの為替レートは，2009年9月の平均値が用いられている。

みていく。

3　グローバル化と途上国の賃金

多国籍企業は，低コストで効率的な生産が可能となる生産拠点と有望な販売先を求めて世界各国で直接投資をおこない事業展開している。表8.2はJETROが調査したアジア主要都市の賃金をドル単位で比較したものである。横浜の平均月収を100とした場合，中国の深圳で7.6，ベトナムのハノイで3.4，ミャンマーのヤンゴンでは0.7となっている。例えば，日本の労働者を雇用するよりも，ミャンマーの労働者を雇用すれば，100分の1以下に人件費を抑えることができる。多国籍企業は，当該国の人件費，労働者の技能水準，販売市場の成長の可能性などの投資環境を国際的に比較する中で，最適な立地を選択する。このような多国籍企業の立地選択が，先進国の労働市場に与える影響は前節でみたとおりである。他方，多国籍企業の行動が途上国に与える主要な影響は次のよ

表8.3 名目賃金率の推移　　　　　　　　　　　　　　　　　　（各国2000年＝100）

	1990	1995	2000	2002	2003	2004	2005	2006	2007	2008
中国（月給）	24	59	100	126	143	160	180	205	239	276
韓国（月給）	37	70	100	119	130	142	153	162	173	172
シンガポール（月給）	46	71	100	104	108	110	115	119	124	130
タイ（月額）	55	82	100	112	106	101	106	114	115	
フィリピン（日給）			100	104	105	106	109	117	123	128
インド（月給）	77	95	100		84	135	96	275		
ミャンマー（時給）			100	154	169	221	236	696	983	1336
スリランカ（時給）	38	66	100	128	134	143	148	160	182	201
日本（月給）	87	96	100	99	101	103	103	105	101	101
日本（日給）	82	96	100	99	101	103	104	105	102	102
日本（時給）	81	97	100	99	100	101	102	103	99	101

出所：データブック国際労働比較（2008, 2010）および LABORSTA, ILO データより作成。
注：1）中国，ミャンマー，スリランカのデータは LABORSTA から作成。日本のデータは企業規模30人以上の常用労働者のもので賞与も含まれている。
　　2）空欄はデータがない。

うなものが考えられる。多国籍企業が途上国に生産施設を構えるようになると，途上国の労働需要や労働生産性を高めて，途上国の賃金が高まっていくというものである。この点について確認していこう。

表8.3は，各国の額面の賃金額について，各国2000年を100としてその推移をみたものである。1990年代は，日本以外のすべての国で，賃金が大きく伸びている。中国では2000年の賃金は1990年の4倍以上となっている。2000年代以降，中国，韓国，ミャンマー，スリランカは引き続き賃金上昇率は大きいが，タイ，フィリピンでは上昇率は小幅にとどまっている。ちなみに日本の賃金は1990年から2000年は1.15倍となったが，それ以降はあまり変化がない。

表8.4は，各国の額面賃金を2005年基準の各国の CPI（消費者物価指数）で割った実質賃金率の推移を表している。途上国ではインフレ率も高いため，図8.3の名目賃金率の伸びよりも，実質賃金率の伸びが低くなっている。1990年代は，中国，韓国，タイで伸びが大きくなっている。2000年代は，タイ，フィリピンでわずかに実質賃金率の伸びがマイナスとなっているが，中国，ミャンマー，韓国の伸びは高い。

このように途上国全体では，多国籍企業による直接投資などの影響で，経済が発展し雇用者の賃金が上昇するなど，ある程度のグローバル化の恩恵を受け

表 8.4 実質賃金率の推移 (各国2000年 = 100)

	1990	1995	2000	2002	2003	2004	2005	2006	2007	2008
中国（月給）	50	64	100	126	141	153	168	189	210	230
韓国（月給）	51	85	100	111	117	124	130	135	140	133
シンガポール（月給）	53	74	100	103	106	107	112	114	116	115
タイ（月額）	77	101	100	109	102	94	94	98	96	
フィリピン（日給）			100	94	92	88	84	85	86	83
インド（月給）	150	136	100		75	116	79	214		
ミャンマー（時給）			100	81	65	81	79	195	204	219
スリランカ（時給）	96	103	100	103	100	100	93	88	112	100
日本（月給）	96	97	100	100	103	105	105	107	103	102
日本（日給）	91	97	100	101	103	105	106	107	104	103
日本（時給）	90	98	100	101	102	103	104	105	101	101

出所：表8.3と同じ。
注：表8.3と同じ。

ているかもしれない[10]。しかし一部の途上国では，実質賃金率が伸びておらず，その国の経済発展や所得分配構造に悪影響をおよぼしかねない。各国が自立的な内需の拡大による経済成長が可能となるように，労働生産性の上昇率に見合った実質賃金率の上昇が望まれる。

4　労働政策

　経済のグローバル化によって，国家を越えて労働者を競争させる仕組みができあがると，先進国では労働組合の賃金交渉力が弱まる傾向が生まれることはすでに述べた。それと同時に各国政府は，自国の多国籍企業が国際競争で有利になるように支援しようとするため，各国の労働法規制の緩和をおこなう傾向も生まれる。先進国では，有期雇用契約や派遣労働の規制が緩められ労働基準の低下が心配されている。
　EUでは有期雇用契約や派遣労働の規制緩和が進んでいる一方で，規制緩和

---

10) ILO (2010) によれば中国の賃金シェアは1990年代よりも2000年代のほうが下落している。そのため中国では労働者以上に企業がグローバル化の恩恵をより大きく受けているといえる。途上国に関する賃金シェアとグローバル化の関係についての詳しい分析は，データの制約上できなかった。

による労働基準の低下に対して懸念が広がり，雇用契約の違いなどで待遇を差別することを禁止したり防止したりする法規制が構築されてきている[11]。いわゆる均等待遇を義務づける法規制である。

日本では均等待遇が実現されていないため，1990年代後半以降正規雇用が低賃金の非正規雇用に代替されていき，ワーキング・プアの問題が発生している。低賃金労働者の増加によって国内の消費需要の低迷から国内需要の成長が鈍化するようになれば，企業間競争のさらなる激化をまねき，労働市場での賃金下落圧力が強まる。このような悪循環を避けるために，政府はなんらかの労働政策を実施する必要が出てくる。

労働市場に関する雇用と賃金の決定理論の一つに，賃金の切下げは，雇用を増やすという新古典派の理論が存在する。これに対して，賃金の切下げ，すなわち「伸縮的賃金政策を自由放任体系の正しく適切な手段だと考えるのは間違い」であると，ケインズは『雇用・利子および貨幣の一般理論』の第19章で主張している。最近の理論でいえば，財・サービス市場で需要不足が発生しているとき，労働市場と財・サービス市場の両方で，たとえ市場メカニズムがうまく機能しても，失業はなくならない[12]。つまり財・サービス市場で需要不足が存在していれば，賃金が下落しても失業は解消されない。

雇用と賃金の決定理論が示すように経済のグローバル化による人件費切下げ競争によって，賃金が下落しても，失業問題を解消することはできない。それどころか人件費切下げ競争は，ワーキング・プアや貧困問題を引き起こす。前者の失業問題に対しては，政府が適切に雇用を増やす政策を実施することが必要となる。ただし財政赤字問題に直面する各国政府が，より効率的な財政政策

---

[11] 均等待遇ができているからといって，問題がすべて解決されているわけではない。それぞれの国で課題は山積している。

[12] 具体的には，財・サービス市場で需要不足が発生し，労働市場で非自発的失業が発生しているとき，財・サービス市場の需要不足を解消するように物価が下落すると，実質賃金率が上昇し，労働市場で非自発的失業が増えてしまう。このとき労働市場で非自発的失業がなくなるように貨幣賃金率が下落していくと，雇用量が増えるが，雇用量の増加により財・サービス市場での生産量が増加すると，財・サービス市場で需要不足が発生してしまう。このように賃金と物価が伸縮的であっても失業はなくならない。本質的には，財・サービス市場で有効需要が増えることで需要不足が解消されない限り，非自発的失業はなくならない。菊本・佐藤・中谷・佐藤（1999），小野（2009）参照。

を実施する必要があり，発展の可能性の低い産業構造を維持するような雇用政策ではなく，将来の産業構造の変化を予測したうえで，発展が期待できる産業での雇用を増やすことが重要となる。最近では，特に医療・介護・環境関連産業への雇用政策・産業政策が重要である[13]。

また失業問題を克服するための対策として，ワーク・シェアリングも考えられる。ワーク・シェアリングは，一人あたりの労働時間を減らすことで，労働をわかちあい失業を減らすというものである[14]。日本では働き過ぎが問題となっており，ワーク・シェアリングによって失業だけでなく働き過ぎも解消できる可能性も考えられる。オランダではワーク・シェアリングを導入することで高い失業率を大幅に下げることに成功した。日本の労働市場に適応できるようなワーク・シェアリングの導入を検討する必要がある。

後者のワーキング・プア問題に対しては，公正な労働を脅かさないような労働法の制定が必要となる。具体的な対策の一つは，最低賃金の底上げを実施することである[15]。最低賃金の底上げによって行き過ぎた低賃金労働を解消し，ワーキング・プア・貧困問題を克服していくことができる。

しかし最低賃金をより高く設定することは，企業の海外移転を促進するなど，雇用が悪化する可能性が懸念される。そのため最低賃金を上げることに対して反対する議論が存在する。しかし最低賃金を上げなければ，ワーキング・プア問題を放置することになりかねない。すなわち国内労働市場のパフォーマンス

---

13) 技術水準の高い日本の環境技術をよりいっそう強化するための産業政策や雇用政策について，特に重要であると考えられる。
14) 菊本義治「成熟経済における福祉のあり方」（『日本経済の構造改革』所収）は，低成長経済において失業問題を克服する方法としてワーク・シェアリングを強調している。
15) 樋口美雄「法と経済学の視点から見た労働市場制度改革」（『労働市場制度改革』所収）は，正規労働者と非正規労働者の均等待遇を促進するうえで，最低賃金の引上げの重要性を強調している。一方，大橋（2009）「日本の最低賃金制度について——欧米の実態と議論を踏まえて」（『日本労働研究雑誌』No. 593）は，最低賃金が雇用に対してプラスの効果を持つとする三つのタイプの理論モデル（①労働力の買い手独占モデル，②サーチ・モデル，③効率賃金モデル）の脆弱性を強調する。最低賃金の引上げが雇用を増やすかどうか，貧困を削減するかどうかについては，理論的にも実証的にも未だ論争が続いている。なお貧困を解決するうえで，低賃金労働者に対して税の還付をおこなうという政府の給付付き税額控除政策も考えられる。

をますます悪化させ，この節の最初に述べた悪循環が生じる可能性がある。したがってこの悪循環を回避するために，最低賃金を引き上げることが必要である。なお最低賃金をより高く設定することは，次のようなメリットもある。すなわち賃金の上昇が国内の財・サービスの需要を高め，国内での新規雇用を生み出す可能性がある。この雇用増大効果が，企業の海外移転などの雇用減少効果を上回るかどうかは確定できない。そのため最低賃金によって公正な労働を保障すると同時に，失業問題を解消していくための政府の雇用政策が重要となってくる。

　各国の労働規制は，税率切下げ競争と同じ原理が働く。すなわち一国だけが公正な労働を実現しようとしても，労働法規制が弱く低コストの労働が調達できる国での生産活動が活発化する可能性がある[16]。そのため各国政府が協力して公正な労働を脅かさないような国際的な協定づくりが重要となる。すなわちEU圏ですでにおこなわれているように，人権意識が高く，労働法のある程度の規制が確立している先進国の政府が，人権が確立されていない国ぐにに対して国際的な労働法規制の制定を働きかけていくことが必要となる。

　以上本章では，経済のグローバル化が先進国の労働所得や途上国の賃金におよぼす影響についてみてきた。経済のグローバル化が進展する中で，先進国の実質賃金率の伸び率が抑制傾向にあることを確認したうえで，実質賃金率の伸び率の抑制が直接投資の増加（企業の多国籍化）によってもたらされていることを統計的に示した。

　また経済のグローバル化が，先進国の労働環境の悪化をどのようにまねいているのかについても考察した。多国籍企業の立地選択や企業間競争の激化などにより，労働組合の賃金交渉力の弱体化がもたらされていることを指摘した。

　さらに経済のグローバル化によって途上国の賃金がそれなりに上昇していることを統計で確認し，途上国の経済発展のあり方についてもふれた。

　最後にグローバル化時代の労働問題に対して政府の労働政策の基本的な方向

---

16) ナイキはベトナムでの児童労働が問題とされ，世界的にバッシングを受け，児童労働を廃止した。このようにグローバル化された社会では情報が世界を瞬時に駆け回るため，消費者の企業不祥事への監視基準も高くなっている。特に有名な企業の間では，自社の反社会的な行動に対する規律が強まり，企業の社会的責任が意識されつつある。

表 8.5 推定に用いたデータと期間

国名	実質賃金上昇率	労働生産性	対外直接投資比率	失業率	組合密度
オーストラリア	1985～2008年	1985～2008年	1985～2008年	1985～2008年	1985～2008年
ベルギー	1985～2008年	1985～2008年	2002～2008年	1985～2008年	1985～2008年
オーストリア	1985～2008年	1985～2008年	1985～2008年	1985～2008年	1985～2008年
カナダ	1985～2008年	1985～2008年	1985～2008年	1985～2008年	1985～2008年
チェコ	1994～2008年	1994～2008年	1993～2008年	1993～2008年	1994～2008年
デンマーク	1985～2008年	1985～2008年	1985～2008年	1985～2008年	1985～2008年
フィンランド	1985～2008年	1985～2008年	1985～2008年	1985～2008年	1985～2008年
フランス	1985～2008年	1985～2008年	1985～2008年	1985～2008年	1985～2008年
ドイツ	1985～2008年	1992～2008年	1991～2008年	1992～2008年	1985～2008年
ハンガリー	1996～2008年	1993～2008年	1995～2008年	1992～2008年	1995～2008年
アイスランド	2006～2008年	1985～2008年	1985～2008年	1985～2006年	1985～2007年
アイルランド	1985～2008年	1985～2008年	1998～2008年	1985～2008年	1985～2008年
イタリア	1985～2008年	1985～2008年	1985～2008年	1985～2008年	1985～2008年
日本	1985～2008年	1985～2008年	1985～2008年	1985～2008年	1985～2008年
韓国	1991～2008年	1985～2008年	1985～2008年 (2002, 2005なし)	1985～2008年	1985～2008年
オランダ	1985～2008年	1985～2008年	1985～2008年	1985～2008年	1985～2008年
ノルウェー	1985～2008年	1985～2008年	1986～2008年	1985～2008年	1985～2008年
ポーランド	1996～2008年	1994～2008年	1992～2008年	1993～2008年	1990～2008年
ポルトガル	2001～2008年	1985～2008年	1985～2008年	1985～2008年	1985～2008年
スロバキア	1985～2008年	1995～2008年	2000～2008年	1994～2008年	1994～2008年
スペイン	1993～2008年	1985～2008年	1985～2008年	1985～2008年	1985～2008年
スウェーデン	1985～2008年	1985～2008年	1985～2008年	1985～2008年	1985～2008年
トルコ	1989～2008年	1985～2008年	1999～2008年	1985～2008年	1986～2008年
イギリス	1985～2008年	1985～2008年	1985～2008年	1985～2008年	1985～2008年
アメリカ	1985～2008年	1985～2008年	1985～2008年	1985～2008年	1985～2008年

出所：Economic Outlook 2010, OECD および Main Economic Indicator (MEI), OECD データベースより作成。

について考察した。ワーキング・プアを解消するための最低賃金の引上げ，失業者を減らすための政府の雇用政策の重要性について述べた。

　そもそも経済活動の目的は，人びとが豊かになることである。グローバル化による経済競争の激化によって，ワーキング・プアの増加や失業の増加など，人びとの生活が脅かされるようになれば本末転倒である。人件費切下げ競争が，貧困水準を超えてまで賃金を下げるとすれば，これになんらかの方法で歯止めをかけることが必要である。もしも歯止めをかけることで失業問題が生じるならば，政府が適切な雇用政策を実施する以外に方法はない。

表 8.6 推定結果(2 方向固定効果モデルと変量効果モデル)

	2 方向固定効果モデル（国・時点）		変量効果モデル	
	係数	t 値	係数	t 値
定数項 a	0.038	2.816***	0.013	1.621
労働生産性上昇率 β	0.376	1.860*	0.448	3.111***
失業率 γ	-0.173	-3.029***	-0.082	-1.547
FDI δ	-0.003	-1.731*	-0.005	-3.563***
組合密度 σ	-0.044	-1.243	0.004	0.261
自由度調整済み決定係数	0.322		0.062	
国数	25		25	
期間	1985〜2008		1985〜2008	
パネル（標本数）	461		461	

注：*** は1％有意，** は5％有意，* は10％有意を表す。White の不均一分散頑健標準誤差（HCSE）を用いて t 値を計算している。

補論　計量モデルに用いたデータと固定効果モデル

(8.6)式の推計に用いたデータは，各国の失業率，消費者物価指数，賃金（MEI database），労働時間あたり労働生産性，GDP，対外直接投資額，組合密度であり，OECD stat からダウンロードした。推定に用いた国，データ，期間は表 8.5 のとおりである。

以上のアンバランス（unbalanced）なパネルデータを用いて，(8.6)式を固定効果モデルで推計している。固定効果モデルとは，次の(8.6′)式を最小二乗法で推定したものを意味する[17]。

$$rw_{it} = a + \sum_i \lambda_i Dummy_i + \beta lp_{it} + \gamma Unem_{it} + \delta FDI_{it} + \sigma Union_{it} + u_{it} \quad (8.6')$$

固定効果モデルは，国別のダミー変数を考慮して推計しているため，ダミー変数最小二乗法（LSDV）ということがある。LSDV（固定効果モデル）は，国別のダミー変数を用いて国別の特性をコントロールしたうえで，各説明変数が被

---

[17] 松浦克己・C. マッケンジー（2009）参照。

説明変数に与える影響を分析するものである。なお推計結果の表には，λ_i は表示していない[18]。なお細かい説明は省略するが，国・時点の 2 方向固定効果モデルと変量効果モデルを用いた推定結果についても，表 8.6 に示しておく。

参考文献
ILO（2010）『世界給与・賃金レポート：最低賃金の国際比較　組合等の団体交渉などの効果，経済に与える影響など』（田村勝省訳）一灯舎。
小野善康（2009）『金融（第 2 版）』岩波書店。
菊本義治・佐藤真人・中谷武・佐藤良一（1999）『マクロ経済学』勁草書房。
J. M. ケインズ（2008）『雇用，利子および貨幣の一般理論（下）』（間宮陽介訳）岩波文庫。
佐藤真人・中谷武・菊本義治・北野正一（2002）『日本経済の構造改革』桜井書店。
鶴光太郎・樋口美雄・水町勇一郎（2009）『労働市場制度改革』日本評論社。
松浦克己・C. マッケンジー（2009）『ミクロ計量経済学』東洋経済新報社。

（山口雅生）

---

[18] 各国のダミー変数が有意かどうかを調べる検定をおこなったところ，すなわち $\lambda_1 = 0$, ..., $\lambda_i = 0$ という帰無仮説について F 検定と尤度比検定を実施したところ，帰無仮説は 1 ％水準でも棄却されなかった。

第9章　経済のグローバル化と環境問題

　自然環境は循環システムをもっている。しかしそのシステム内で浄化できる汚染物質の量には上限がある。人類は長らく自然循環システムの範囲内で経済活動をおこなってきた。ところが，18世紀から19世紀にかけておこった産業革命は，経済の規模と成長スピードを飛躍的に増大させた。環境に配慮しない経済活動は，公害・環境問題を引き起こした。現在，経済活動は国境を越えて地球規模で進んでいる。特にアメリカ型のグローバル化が，企業の多国籍化を推し進めながら，世界の隅ずみに浸透しようとしている。それは，これまでとは比べものにならないほど大規模で速い。グローバル化のもとで地球環境はどのように変容していくのであろうか。人類の生存を保障するには，経済や政治のシステムは，どのようでなければならないであろうか。

　経済にとって21世紀最大の制約は環境問題といわれる。環境問題は経済成長にとって大きな制約なのである。この章ではまず，資本制経済を維持するためには成長が必要であることを，利潤決定要因から述べる。次いで，環境制約のもとで成長の上限を緩和させるには，技術革新が不可欠であることを明らかにする。最後に，簡単なシミュレーションによってそれを実証する。制約や不足があってはじめて技術革新はおこる。日本は技術進歩によって公害問題を克服し，その後も多様な環境技術を生み出してきた歴史をもつ。日本には環境技術で他国に対する競争優位がある。環境の世紀においては，その技術が日本の成長や発展の原動力になるのである。

1　成長制約としての環境問題

1.1　先行仮説

　環境と経済の間には，一方が良くなればもう一方が悪くなるというトレードオフの関係があるのか，それとも両立が可能なのであろうか。環境問題をめぐる人びとの対立の核心部分は，ここにある。

トレードオフの関係にあるととらえる立場には,「公害輸出」あるいは「公害天国」という考え方が背景にある。企業は,はじめは自国で操業しているが,国内の環境基準が強まれば,環境コストが高まり,企業利潤は減少する。これに耐えられなくなった企業は,市場から撤退するか,コスト削減を求めて環境規制のゆるい国へ工場を移転する。直接投資の増加である。こうして,進出企業の高利潤と引換えに,進出先国における環境破壊が進んでいくのである。それは,進出企業の母国からみれば「公害輸出」であり,企業にとっての進出先国は「公害天国」である。

　一方,環境と経済は両立するという立場をとるのがポーター仮説である。ポーター仮説は,「適切に設計された環境規制は費用削減と品質向上につながる技術革新を促し,そのような技術革新によって企業は環境規制にともなう費用を相殺することができると同時に,世界市場において他国企業に対し競争優位を獲得して利益を得ることができる」というものである[1]。「公害輸出」が技術進歩を考慮しない静学的アプローチであるのに対して,ポーター仮説は技術進歩を考慮した動学的アプローチと捉えることもできる。

　その後,世界銀行(1992)は,環境クズネッツ曲線を提唱した。これは横軸に一人あたり実質GDP,縦軸に汚染水準をとると,逆U字を描く曲線である。経済発展の初期は一人あたりGDPの増大とともに環境破壊が進む。しかし,環境が希少になり,環境に対する人びとの関心が高まると,汚染反対運動がおこる。それによって環境規制が強まると,企業は対策をとろうと環境技術の水準を高める。その結果,ある転換点を超えると環境保全と経済成長が両立すると説明する。そして,先進国から途上国への技術移転が進めば,環境クズネッツ曲線は次第に左下へシフトしていくと考えられている。この環境クズネッツ曲線は,「公害輸出」とポーター仮説を統一的に捉えようとする試みであるともいえる。

　ただし,これら三つはあくまで仮説であり,これまでのところ,それらを一般化できる十分な実証結果はまだ得られてない。

---

[1] Porter, M. E. (1991), "America's Green Strategy", *Scientific American*, Vol. 264, p. 168.

1.2 利潤決定要因と経済成長

ここでは，環境と成長の関係を，利潤決定要因から考察してみよう。まず，世界経済には成長が必要かどうかを検討することからはじめる。

第1章で明らかにされたように，世界利潤は次のように決まる。

$$\text{世界利潤（税引き）} = \text{投資総計} + \text{財政赤字総計} - \text{勤労者貯蓄総計} \quad (9.1)$$

世界利潤を決定する最も重要な要因はどれであろうか。まず財政赤字はどうか。財政赤字は高金利，インフレ，増税などの問題をもたらす。財政赤字の持続は不可能ではないが，限界があるのである。次に，賃金を抑え，勤労者貯蓄を下げるやり方もある。しかしそれは勤労者との軋轢を生むだけで，望ましくない。したがって，投資こそが世界利潤を増やす最も重要な要因なのである。

もし，世界的に財政が均衡（財政赤字総計がゼロ）であれば，投資ゼロの状態はゼロ成長を意味する。そのとき，世界利潤は大幅に減少することになる。このような事態は，利潤追求を目的とする資本制経済とは両立しない。よって，資本制経済には，プラスの投資，すなわち成長が不可欠なのである。ただし，すべての国がプラス成長である必要はない。世界全体でプラスの成長が実現していればよいのである。成長国は，その成長スピードが弱まれば，他の国にとってかわられるのである。多国籍企業など国境を越えて活動する企業は，常にどの国や地域に投資をすれば高い利潤が得られるかを予測し，さまざまな国や地域に進出していく。進出先国は，相対的に資源が豊富であり，環境規制のゆるい途上国である場合が多い。現在，先進国の成長スピードは鈍化し，かわりに中国やインドなどの途上国が急激に台頭している。このような途上国では，急成長が実現する一方でさまざまな環境問題が深刻化している。

1.3 成長の上限とその緩和

成長をもたらすカギは投資である。その投資はなんの制約もなしに実行できるであろうか。企業が投資をおこなうには五つの条件が必要である。①旺盛な投資意欲，②容易な資金調達，③労働供給制約がないこと，④天然資源制約がないこと，⑤環境制約がないことである。その中で環境は，人類の生存基盤そのものを破壊してしまう絶対的な制約である。人類が直面している21世紀最大の問題は環境制約なのである。

いま，世界人口は急激に増大している。国連の『世界人口白書』によれば，2008年の世界人口は約67億5000万人であり，過去35年の間に倍増した。さらに，2050年には91億9000万人に増えると予測されている。世界の人びとを養っていくためには，環境制約の上限を緩和させる必要があるのである。人口，環境制約，そして豊かさの追求の三者にはどのような関係があるのであろうか。それを考えるために，汚染排出量を要因分解したものが次式である。

$$汚染排出量 = \frac{汚染排出量}{GDP} \times \frac{GDP}{人口} \times 人口 \tag{9.2}$$

(9.2)式の右辺第1項は，生産物1単位を生み出すのに必要な汚染排出量，すなわち環境技術を表す。この値が小さいほど，経済活動にともなう汚染排出量は少なくてすむため，環境の技術水準は高いといえる。右辺第2項は，一人あたりGDPであり，経済的豊かさを表す代表的指標である。さて，世界人口が増加する中で一人あたりGDPを増やそうとすれば，いずれ環境制約に突きあたることになる。さらに豊かになろうとすれば，右辺第1項を低下させる，つまり環境技術を高めるしかない。環境制約のもとで成長を実現させるには，技術革新が必要なのである。特に資源・エネルギー節約型の技術開発が大事である。

これまで人類は，幾多の環境危機を技術革新で乗り越えてきた。かつてマルサスは『人口の原理』(1798)で，人口の増加に農業生産が追いつかず，人類はやがて絶対的に窮乏化すると説いた。しかし，やがて産業革命が起こり，この技術革新のもとで，世界経済はかつてない高成長を実現した。また，先進国が高成長を記録していた1972年に，ローマクラブは『成長の限界』を発表した。その中で，もしも世界の人口，工業化，環境汚染，食料生産，および資源の枯渇がこのまま進めば，世界の経済成長は100年以内に限界に達するであろうとの警鐘を鳴らした。その後，1974年の石油ショックを契機に，各国とも資源の限界，特に地球上の石油資源の限界を強く意識するようになった。日本は他国に先駆けて省エネルギー製品をつくりだし，産業構造もエネルギー節約型に転換させながら，1980年代の安定成長へと向かっていった。いずれも，環境制約のもと，技術革新によって成長の上限を緩和させたのである。

現在，私たちはさまざまな環境問題に直面している。なかでも地球温暖化は，

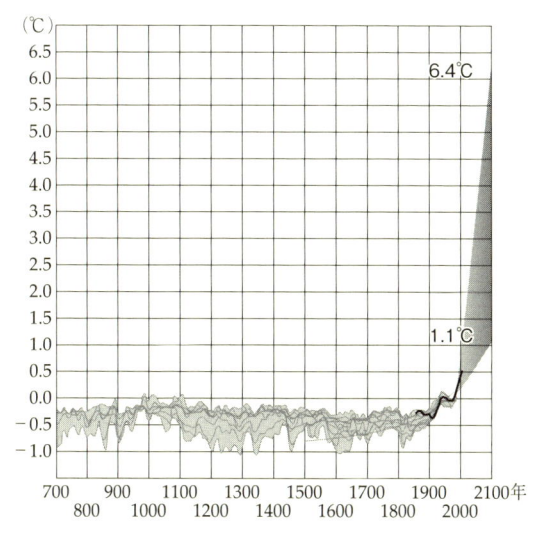

図 9.1　世界平均気温の変化：700〜2100年までの気温変動（観測と予測）

出所：IPCC第4次評価報告書より全国地球温暖化防止活動推進センター（JCCCA）作成。
注：1）2000年までの過去の観測部分は北半球でのデータ（1961〜1990年の平均気温を0.0℃とする）。
太線は計測機器によるデータ。
細線は複数の気候代替データを基に復元した12の研究データ。
2）2000年以降の予測部分は全球における予測データ（1980〜1999年の平均値を0.0℃とする）。

人類の生存基盤そのものを破壊するものとしてきわめて深刻である。次節では，地球温暖化問題の現状と課題をみてみよう。

2　地球温暖化の現状と将来予測

2.1　汚染状況

　気候変動に関する政府間パネル（IPCC）第4次評価報告書（2007）によれば，1906年から2005年の100年間で，世界の平均気温は0.74℃上昇した[2]。また，最近50年間は，過去100年の上昇速度のほぼ2倍のスピードで気温が上昇している。気温上昇は特に北半球の高緯度で早く，陸域のほうが海域よりも早い。ま

た，世界平均海面水位は，20世紀の100年間で17cm上昇している。

これまでIPCCは，人間活動と気候変動の因果関係については明言を避けてきた。しかし第4次評価報告書では，「20世紀半ば以降の世界平均気温の上昇は，その大部分が，人間活動による温室効果ガスの増加によってもたらされた可能性が高い」と初めて断言した。

気温上昇の影響は多様である。氷雪圏では氷解による氷河湖の拡大や数の増加，山岳や永久凍土地域では地盤の不安定化，北極および南極では生態系の変化が生じている。1978年以降の衛星データによれば，北極の海氷範囲は，10年ごとに約2.7％で減少し続けている。また湖沼や河川の水温上昇とそれにともなう水質の悪化などの変化がみられる。陸生生物については，動植物の極地・高地方向への移動がみられる。

気候変動にともなって，海水面上昇，台風，洪水，森林火災，干ばつなどの災害が多発している。ツバルやモルディブなど，標高がきわめて低いアジア太平洋の小さな島嶼では，海水面上昇の影響が深刻である。2005年に北アメリカ南部を襲ったハリケーン「カトリーナ」は約1800人の死者をもたらし，ニューオリンズ市街地の8割が冠水，被害総額は推定1350億ドル（11兆4千億円）にのぼった。2008年にミャンマーを襲ったサイクロン「ナルギス」は，死者7万7000人以上，行方不明者5万6000人以上を出した。パキスタンでは，2010年におこった洪水で，国土の5分の1以上が水没し，死者1500人以上，被災者1700万人を出した。2004年にアラスカで発生した火災は，約250万ヘクタールの森林を消失させた。アメリカ西部では，1970〜1986年の平均と比べて，森林火災の頻度は約4倍，喪失面積は6.5倍以上になっている。2004年にエチオピアとアフリカ南部を襲った干ばつでは，700万人以上が食糧不足となった。オーストラリアでは，2006〜2007年の干ばつによって小麦の生産が前年比で60％減少した。こうした大規模災害は，人間活動による温暖化と関係があると考えられ

---

2) IPCC（Intergovernmental Panel on Climate Change）とは，世界気象機関（WMO）および国連環境会議（UNEP）により1988年に設立された国連の組織である。各国の政府から推薦された科学者が参加し，地球温暖化に関する科学的・技術的・社会経済的な評価をおこない，そこで得られた知見を，政策決定者をはじめ広く一般的に利用してもらうことを活動目的とする。

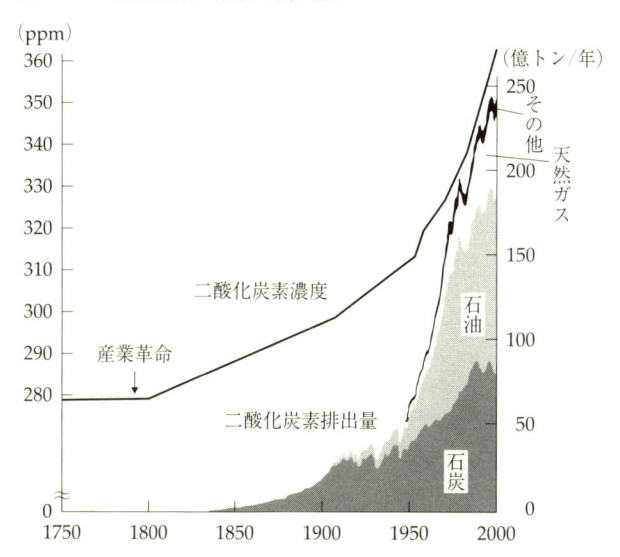

図9.2 二酸化炭素の濃度と排出量

出所：オークリッジ国立研究所．

るようになっている．

2.2 原因物質

　温暖化は温室効果ガスの排出によっておこる[3]。しかし，温室効果ガスの排出そのものが問題なのではない．温室効果ガスの蓄積量が，自然の循環システムの範囲内に収まらないほど大量になってしまったことが問題なのである[4]．温室効果ガスの中で，最も温室効果の高いのは二酸化炭素である．過去に排出された二酸化炭素の蓄積により，大気中の二酸化炭素濃度は，産業革命以前の1750年には280ppmであったものが，2005年には379ppmへと増加した（図9.2）[5]．

---

[3] 人為起源の温室効果ガスは，CO_2（二酸化炭素），CH_4（メタン），N_2O（亜酸化窒素），HFC（ハイドロフルオロカーボン），PFC（パーフルオロカーボン），SF_6（六フッ化硫黄）の6種類である．

[4] 大気中の二酸化炭素濃度は550ppmが危険水域といわれている．ただし，その根拠は必ずしも定かではない．

[5] 古い時期の二酸化炭素濃度は，南極やグリーンランドから採り出される氷床コアによって測定される．

表9.1 各国のエネルギー使用による二酸化炭素排出量の変化

暦年	総排出量（百万トン-CO_2）		一人あたり排出量（トン-CO_2/人）	
	1990	2007	1990	2007
中国	2317	5973	2.0	4.5
アメリカ	4825	5792	19.3	19.2
ロシア*	2280	1536	15.4	10.8
インド	598	1357	0.7	1.2
日本*	1060	1220	8.6	9.6
ドイツ*	941	769	11.9	9.4
イギリス*	568	532	9.9	8.7
カナダ*	417	529	15.0	16.0
イタリア*	377	432	6.6	7.3
オーストラリア*	258	378	15.1	18.0
フランス*	359	354	6.3	5.7
ニュージーランド*	22	31	6.4	7.4
その他	7161	9926	—	—
世界	21183	28829	4.0	4.4

出所：(財)省エネルギーセンター『エネルギー・経済統計要覧2010』より作成．
注：*は京都議定書の批准国．

二酸化炭素排出量は，1950年から2005年までの約60年間で約5倍に増えた．二酸化炭素の排出量（フロー）と濃度（ストック）の間には，一定のタイムラグがある．いま二酸化炭素の排出量を削減したとして，その効果が濃度の低下となって現れるにはかなりの時間的な遅れが生じる．だからこそ，二酸化炭素排出量を早く減らさなければならないのである．

表9.1によれば，2007年の二酸化炭素排出量は世界全体で約288億トン（二酸化炭素換算，以下同じ）である．これは，京都議定書の基準年である1990年の212億トンから36.1％の増加である．排出量の多い順に，中国（59.7億トン），アメリカ（57.9億トン），ロシア（15.4億トン），インド（13.6億トン），日本（12.2億トン）となっている．中国からインドまでの上位4ヵ国で，世界の総排出量の半分以上に達する．1990年と比べて特徴的なのは，中国の排出量がアメリカを抜いて世界第1位になったこと，排出量の少なかったインドが2.3倍に増加し，日本を抜いて世界第4位になったことである．途上国の急激な排出量増加は，世界の脅威である．

次に，一人あたり二酸化炭素排出量をみてみよう．先進国では，アメリカが

ほぼ変わらず、日本が増加し、EU 諸国の多くは減少に転じている。その一方で、中国は1990年から2.2倍、インドは1.7倍に増加している。しかし、それでも中国の一人あたり排出量はアメリカの4分の1以下であり、インドは15分の1以下である。国際的な共通ルールの策定を困難にしている背景には、こうした排出格差や貧困問題がある。

2.3 将来予測

IPCC 第4次評価報告書では、複数のシナリオを想定して、気温と海水面の上昇を予測している。結果を総合すれば、2100年までに、地球全体の平均気温は産業革命以前に比べて1.8〜4.0℃上昇する。これは世界平均であり、地域性や日変動ではさらに大きくなる。北半球や陸域での気温はさらに高くなるのである。この変化の影響は小さくない。例えば、2003年にヨーロッパを襲った熱波は、年平均（1961〜1990年）に比べて3.8℃の気温差であったが、フランスのパリでは日最高気温が30℃を超える日が頻出し、最高気温は40℃を記録した。その結果、フランス全体で熱波による死者が約1万4800人に達しているのである。

熱波による死者以外にも、気候変化によって、疫病、生活域の減少、生態系や食糧生産など、突然の、あるいは不可逆的な現象が引き起こされる可能性が高い。国連環境計画（UNEP）の報告書によれば、2050年に二酸化炭素の濃度が2倍になれば、異常気象や海面上昇による土地の喪失、漁業や農業への悪影響、水不足などで年間3000億ドル以上の損害が発生すると予測されている。

3 グローバルな協調の必要性と困難

3.1 国際的取組みの経緯

環境問題の国際的な取組みで重要な転機となったのは、1972年6月に開催されたストックホルム国連人間環境会議である。この会議で採択された人間環境宣言によって、国際社会は環境問題に積極的に取り組む姿勢を初めて明らかにした。それを受けて、1973年には国連内に国連環境計画（UNEP）が設立された。国際的な環境条約は、この UNEP の活動によって急速に増えることになる。1980年代に入ると、国家という枠を超えた地球環境問題が重要視されるよ

表 9.2　国際的な地球温暖化交渉の取組み

1988年	IPCC（気候変動に関する政府間パネル）設置
1990年	IPCC 第 1 次評価報告書発表
1992年 5 月	国連気候変動枠組条約採択
1994年 3 月	国連気候変動枠組条約発効
1995年 3 ～ 4 月	国連気候変動枠組条約第 1 回締約国会議（COP 1）
	ベルリン・マンデート採択
1995年	IPCC 第 2 次評価報告書発表
1997年12月	国連気候変動枠組条約第 3 回締約国会議（COP 3）
	京都議定書採択
2000年11月	国連気候変動枠組条約第 6 回締約国会議（COP 6）
	京都議定書の実施規則案に合意できず
2001年	IPCC 第 3 次評価報告書発表
2001年 3 月	米国が議定書から離脱を表明
2001年 7 月	国連気候変動枠組条約第 6 回締約国会議再開会合（COP 6 bis）
	ボン合意成立
2001年10～11月	国連気候変動枠組条約第 7 回締約国会議再開会合（COP 7）
	マラケシュ合意成立
2005年 2 月	京都議定書発効
2005年12月	国連気候変動枠組条約第11回締約国会議（COP11）
	京都議定書第 1 回締約国会合（モントリオール会議）
	2013年以降の先進国の削減目標交渉開始
2007年	IPCC 第 4 次評価報告書発表
2007年12月	国連気候変動枠組条約第13回締約国会議（COP13）
	京都議定書第 3 回締約国会合（バリ会議）
	バリ行動計画採択
2009年12月	国連気候変動枠組条約第15回締約国会議（COP15）
	京都議定書第 5 回締約国会議（コペンハーゲン会議）
	コペンハーゲン合意は「留意」

出所：環境経済・政策学会『地球温暖化防止の国際的枠組み』(2010)。

うになった。なかでも，特に重視されたのは温暖化問題である。これに対処すべく，1988年にUNEPと世界気象機関（WMO）は，各国の専門家を集めて，気候変動に関する政府間パネル（IPCC）を設立した。そして，ここ20年ほどの間，地球温暖化問題は国際的議題として最も高い選考順位がつけられてきたのである。これまでの国際社会は，1992年の国連気候変動枠組条約のもとで，1997年に採択された京都議定書を基礎に，地球温暖化問題への国際的対応の枠組みを構築してきた。京都議定書は2005年2月に効力を発し，2008年初めから

は，温室効果ガス削減の約束を実施する期間に入った。その一方で，京都議定書の約束期間（2008～2012年）の終了後に，いかなる国際的枠組みのもとで地球温暖化問題に対処すべきかが，現在最も重要な国際的議題となっている。

3.2 京都議定書

1997年12月に京都でCOP 3が開催された[6]。そこで，気候変動枠組条約の目的を達成するための具体的な行動計画として京都議定書が採択され

図9.3 京都議定書での主要国の削減目標
（単位：％）

先進国 −5.2／EU −8／スイス −8／アメリカ合衆国 −7／ハンガリー −6／日本 −6／カナダ −6／ロシア 0／ニュージーランド 0／ノルウェー +1／オーストラリア +8／アイスランド +10

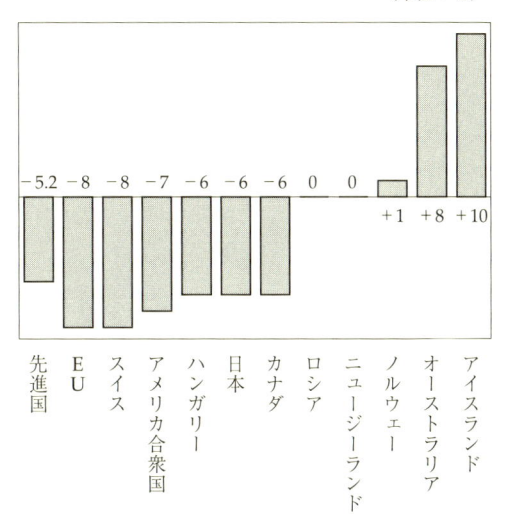

出所：環境省ホームページより作成。

た。京都議定書は，数量的な削減目標を先進国に対して初めて設けたものであり，その国際社会における意義はきわめて大きい。その内容をみてみよう。

京都議定書は，先進国等に対し，温室効果ガスを2008年から2012年までの間に1990年に比べて一定量を削減することを義務づけている[7]。主要国の削減目標は，EUやスイスが−8％，アメリカが−7％（後年離脱），ハンガリー，日本，カナダが−6％となっている。先進国全体では−5.2％である。一方，ロシアやニュージーランドは削減義務のない0％，ノルウェーは+1％，オーストラリアは+8％，アイスランドが+10％などとなっている。

多くの先進国で数値目標が設定された一方で，途上国は，過去において経済先進国よりも責任が少なく，かつ貧困からの脱却に経済成長が必要とされ，削減義務は課されなかった。

---

6) COPとは気候変動枠組条約締結国会議（Conference of the Parties）の略。
7) HFC，PFCは1995年を基準に選ぶこともできる。また，目標達成には森林等による二酸化炭素吸収量を算入してもよいとされている。例えば，日本は6％のうち3.8％を森林吸収源として認められている。

京都議定書の発効には，批准国の数や，批准国の排出量が世界の総排出量の一定割合以上となることなどが要件となっていた。2001年3月にアメリカのブッシュ政権が京都議定書からの離脱を表明するなど，その発効が危ぶまれたが，2002年6月に日本が批准，2004年11月にロシアが批准し，要件を満たした京都議定書は2005年2月16日に発効された。2009年11月時点で，この議定書に批准しているのは194の国と地域である。

　京都議定書の国際的意義はきわめて高い。しかし，その一方で問題も指摘されてきた。排出大国の中国，アメリカ，ロシア，インドには削減義務が課されていないためである。アメリカは－7％の数値目標を課せられたが，2001年のブッシュ政権下で京都議定書から離脱した。ロシアは京都議定書に批准しているが，その数値目標は0％である。途上国である中国とインドは非附属書国のグループに属するため，そもそも数値目標が課されていない。その後，中国やインドは急成長を遂げ，2007年時点で，中国は世界1位，インドは世界4位の排出大国となっている。こうした削減義務を課せられていない4ヵ国の排出総量は約147億トンであり，世界全体の半分以上を占めている。

3.3　利害対立

　地球温暖化をめぐる国際交渉を困難にしている背景には，各国の利害対立がある。対立の構造は，京都議定書で各国がどのグループに属するかをみれば，ある程度わかる（図9.4）。

　アメリカは，いまなお京都議定書を離脱したままである。「中国の参加しない枠組みへの参加には意味がない」という基本姿勢は一貫して崩していない。

　中国は2007年にアメリカを抜いて世界一の排出大国となった。しかし，1971年から2007年までの累積量でみると，中国901億トンに対してアメリカは1848億トンである。二つの国の間には倍以上の開きがあるのである。こうした過去の排出量を理由に，中国は「温暖化の責任は先進国にある」として，京都会議以前から自国に対する削減義務の受入れを拒否し続けている。この主張は，インドやアフリカ，中南米諸国など多くの途上国に共通している。こうした途上国の多くは，京都議定書に批准はしているが数値約束のない国家グループを形成している。

図9.4 温暖化防止をめぐる各国の対立（2009年11月6日現在）

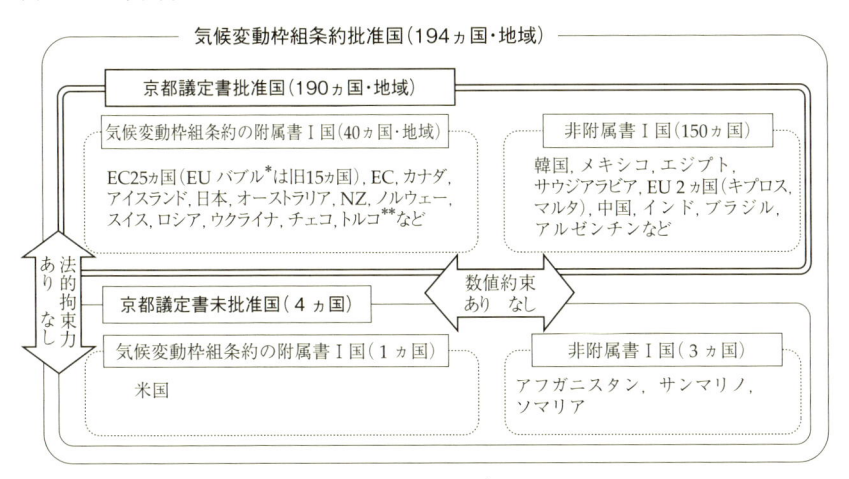

```
気候変動枠組条約批准国（194ヵ国・地域）
┌─────────────────────────────────────────────┐
│ 京都議定書批准国（190ヵ国・地域）              │
│ ┌─────────────────────┐ ┌─────────────────┐ │
│ │気候変動枠組条約の附属書Ⅰ国（40ヵ国・地域）│ │非附属書Ⅰ国（150ヵ国）│ │
│ │EC25ヵ国（EUバブル*は旧15ヵ国），EC，カナダ， │ │韓国，メキシコ，エジプト，│ │
│ │アイスランド，日本，オーストラリア，NZ，ノルウェー，│ │サウジアラビア，EU2ヵ国（キプロス，│ │
│ │スイス，ロシア，ウクライナ，チェコ，トルコ**など │ │マルタ），中国，インド，ブラジル，│ │
│ │                                         │ │アルゼンチンなど         │ │
│ └─────────────────────┘ └─────────────────┘ │
│                    数値約束                    │
│                    あり  なし                  │
│ ┌─────────────────────┐ ┌─────────────────┐ │
│ │京都議定書未批准国（4ヵ国）                │ │                 │ │
│ │気候変動枠組条約の附属書Ⅰ国（1ヵ国）        │ │非附属書Ⅰ国（3ヵ国） │ │
│ │米国                                     │ │アフガニスタン，サンマリノ，│ │
│ │                                         │ │ソマリア           │ │
│ └─────────────────────┘ └─────────────────┘ │
└─────────────────────────────────────────────┘
   法的拘束力 あり / なし
```

注：＊EUバブル：EU加盟のうち旧15ヵ国（2004.5拡大前）は，共同で−8％の削減約束を負っている（個々の国々の総排出量が各国の割当量の合計量を上回らない限り，各国の目標達成の有無によらず，目標が達成されたと見なされる）。
　　＊＊トルコの数値約束は定まっていない。
出所：環境省ホームページより。

　先進国の多くは数値約束をもつ批准国である。その中で，EUは排出量を減らすことに一定程度成功しているが，他の国では基準年よりも排出量が増加している。現時点で多くの国が目標達成の見通しがつかない状況にあるのである。こうしたことも，「先進国は排出削減を先導する義務を果たしていない」として，途上国側からの反対をいっそう強める要因となっている。なお，EUや日本は，次の枠組みには米中の参加が不可欠であると主張している。

　島嶼諸国など海水面上昇の影響を直接受ける国ぐには，問題の性急さから，先進国，途上国を問わずすべての排出国の責任を追及している。

　京都議定書の約束期間は，2008年〜2012年（第一約束期間）である。現在の国際的関心は，2013年以降の「ポスト京都議定書」をどう構築するかにある。しかし交渉は難航している。2009年12月にコペンハーゲンで開かれたCOP 15でも，「ポスト京都議定書」の採択にはいたっていない。現在，先進国は自国の中期目標を条約事務局に提出することになっており，日本は2020年までに1990年比で25％削減することを明言している。ただし，世界の全主要国が参加

することと，各国が意欲的な目標を掲げることを条件としている。

　一部の国ぐにが温室効果ガスの排出削減をおこなっても，他の国ぐにがそれを超える温室効果ガスを排出すれば，世界全体の排出量は増える。地球の温暖化は進むのである。地球温暖化はグローバルな問題である。それを解決しなければならない世界が一つになれない。地球は一つであるが，世界は一つではないところに問題解決の難しさがある。

　京都議定書の期限は2012年までである。それまでに「ポスト京都議定書」にあたる政治合意や法的な枠組みができなければ，地球温暖化問題は2013年以降，協定のない時代に突入することになる。

3.4　市場メカニズムで解決できるか

　京都議定書で約束された削減目標を達成するために，「京都メカニズム」とよばれる一連の方策がある。それらは，温室効果ガスの排出削減努力を減らすものとして，また温暖化防止策の大きな抜け穴となるものとして問題も指摘された。しかし結局，COP 3 で提案され，京都議定書に盛り込まれた。次の三つがそれである。

　①排出量取引（第17条）：先進国間で，排出割当量の一部を取引することができる制度。

　②共同実施（第6条）：先進国が共同で温暖化対策事業をおこなう。その事業によって生まれた排出削減量を先進国の削減目標の達成に算入できる制度。

　③クリーン開発メカニズム（第12条）：先進国が技術や資金を提供し，開発途上国でその国の持続可能な発展を助ける温暖化対策事業をおこなう。その事業によって生まれた排出削減量を，先進国の削減目標の達成に算入できる制度。

　ここでは，市場メカニズムを用いた排出量取引をとりあげて，その仕組みをみてみよう。

　排出量取引のアイデアは，1968年にデイルズによって出され，1972年にモンゴメリーによって理論化された[8]。数量取引の先行例はいくつかあるが，二酸

---

8) Dales, J. H. (1968), "Land, Water, and Ownership", *Canadian Journal of Economics*, Vol. 1, No. 4, pp. 791–804. および Montgomery, W. D. (1972), "Markets in Licenses and Efficient Pollution Control Programs", *Journal of Economic Theory*, Vol. 5, pp. 395–418.

化炭素を対象にしたものは1997年の京都会議（COP 3）で初めて提出された[9]。その後，二酸化炭素排出量取引はイギリスで2002年，EU で2005年に開始されている。

　排出量取引制度は，各排出源に初期配分した排出量と実際の排出量との差を，排出源どうしで取引することを認め，効率的に排出（削減）量を配分し，目標とする排出総量を最小の費用で達成しようとする政策手段である。排出上限を課して取引する方法が代表的であり，キャップ・アンド・トレードともよばれる。

　総費用最小化のもとでは，各国の限界削減費用が一致する点で排出量が決まり，過不足は排出量取引によって相殺される。排出量や取引量は限界費用のみに依存するため，総排出量さえ固定されていれば初期配分比率は任意で構わないとされる。

　二酸化炭素の取引価格，すなわち限界削減費用はどれくらいの値で均等化するのであろうか。IPCC 第3次報告書（2001）には，各国機関が推定した二酸化炭素の限界削減費用が掲載されている。推定結果にはバラツキがあるが，例えば日本の国立環境研究所によれば，二酸化炭素1トンあたりアメリカは52ドル，ヨーロッパは54ドル，日本は64ドルなどとなっている。その他機関の推定値をみても，一般に日本はアメリカやヨーロッパに比べて取引価格が高い傾向がある。これは日本が省エネの進んだ国であり，二酸化炭素を削減するために追加的に必要となるコスト（限界削減費用）が高いことによる。

　排出量取引制度については，いくつかの問題が指摘されている。排出量取引は，効率性は満たすが公平性は満たさないとされている[10]。また，価格変動をもつ財はすべて投機の対象となりうる。つまり，排出枠そのものが投機対象となる可能性をもつのである。図9.5 は EU で取引されている二酸化炭素1トンあたりの価格変動を示すものである。これをみれば，ある水準に収束する傾向はみられず，取引価格は乱高下している。2006年4月に32ユーロの高値を記録しているが，これは原油価格等の上昇により投機的需要が増大したことが原因とされている。また2007年2月には13ユーロまで落ち込んでいるが，これは排

---

9)　排出量取引の先行例として，複数国による個別漁獲割当制度，水利権取引制度，アメリカ酸性雨防止などがある。

10)　初期配分比率を通して公平性も考慮できるとする見解もある。

図9.5 EU排出価格の推移

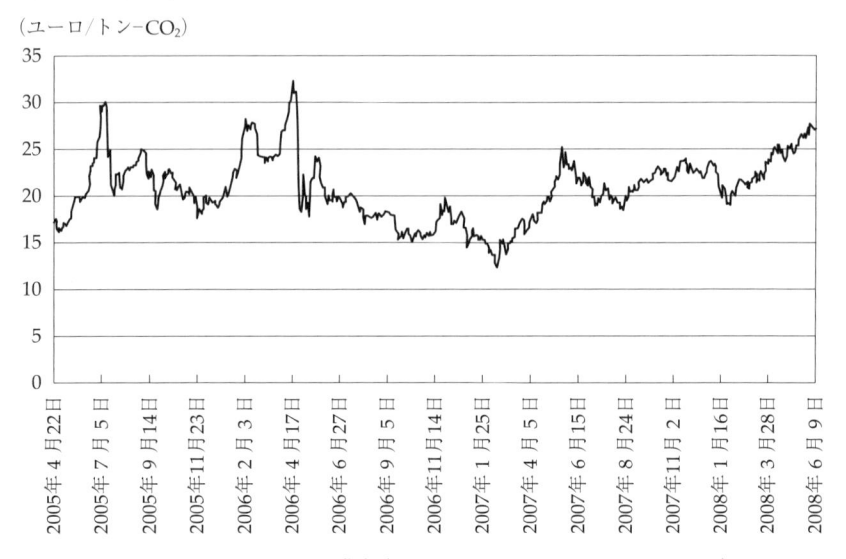

(ユーロ/トン-CO_2)

出所：Intercontinental Exchange データより作成（http://www.europeanclimateexchange.com/）。

出枠が多すぎたことが原因とされている[11]。市場メカニズムは決して万能ではない。また，本来的に価格のつかない自然に価格をつけ，それを市場で取引することで問題の根本解決ができるかどうかを疑問視する研究者も少なくない。しかし，この取組みによって，排出量の削減や，排出抑制の技術革新に役立つことが期待される。その意味では，こうした政策も一定の利用価値がある。排出量取引のほかにも，税金や課徴金制度といった市場メカニズムを利用した政策がある。ただし，もし人びとが価格シグナルに反応できない場合は市場メカニズムによる政策はうまく機能せず，排出量そのものを直接に規制する必要がある。

---

[11] 環境省「諸外国における排出量取引の実施・検討状況」2008年6月10日および環境省「欧州連合排出量取引制度調査報告書」2006年3月参照。

4 技術進歩と経済成長

環境制約下で，成長のカギを握るのは技術進歩である。ここでは簡単なシミュレーションによって，環境技術の重要性について考えてみよう。環境技術の多くは，日本が他国に比べて優位性をもつものである。この技術がこれからの日本の成長や発展の原動力となるのである。

4.1 環境技術とGDPのシミュレーション分析

IPCC第4次報告書は，世界平均気温の上昇限度を現状から2〜3℃と示唆している。それは，2050年の二酸化炭素排出量を1990年に比べて50％削減することとある程度整合的であることが確認されている[12]。

ここでは，排出量半減を目標におき，環境技術が一定の場合と，そうでない場合とにわけて，環境技術とGDPに関する簡単なシミュレーションをおこなう。なお，分析の基礎になっている国は，データの制約から主要国に限定しており，これらをまとめたものを世界とする[13]。

前提

2050年の世界の二酸化炭素排出量を1990年の半分とする（本ケースでは約82億トン）。

世界人口は国連の将来予測通り2005年から2050年にかけて1.41倍になる（本ケースでは70.1億人）。

---

[12] 松岡譲「低炭素社会をめぐって」（環境経済・政策学会編（2010）『地球温暖化防止の国際的枠組み』東洋経済新報社，126-141頁）参照。

[13] （先進国）アメリカ，カナダ，イギリス，フランス，ドイツ，イタリア，日本，韓国，香港，台湾，シンガポール，オーストラリア，ニュージーランド。
　　（途上国）中国，インド，タイ，インドネシア，マレーシア，フィリピン，ベトナム，ロシア，メキシコ，ブラジル，ペルー，チリ，アフリカ（ウガンダ，エジプト，エチオピア，ガーナ，ケニア，コンゴ民主共和国，スーダン，タンザニア，チュニジア，ナイジェリア，マダガスカル，南アフリカ，モロッコ），中東（イスラエル，イラン，オマーン，カタール，クウェート，サウジアラビア，トルコ，バーレーン）。
　　（基礎データ）二酸化炭素排出量：『エネルギー・経済統計要覧 2010』，GDP（購買力平価換算）：The World Bank, "World Development Indicators 2008"。

表9.3 環境技術とGDPのシミュレーション分析

		環境技術 B/Y (g/ドル)	一人あたり GDP Y/N (ドル/人)	人口 N (億人)	二酸化炭素 排出量 B (百万トン)
2005年	先進国	388	34073	8.3	10919
	途上国	647	4331	41.5	11612
	世界	489	9269	49.7	22531
2050年	環境技術一定	388	3024	70.1	8232
	一人あたりGDP均等	35	34073		

モデル

シミュレーションで用いるのは1節で示した(9.2)式である。再掲すれば次の通り。

$$B = \frac{B}{Y} \times \frac{Y}{N} \times N \tag{9.3}$$

記号［B：二酸化炭素排出量，B/Y：環境技術（GDP1単位あたり二酸化炭素排出量），Y/N：一人あたりGDP，N：人口］

技術一定のケースは，環境技術（GDP1単位あたりの排出量）を2005年の先進国平均で一定とし，それが2050年には途上国を含む世界全体で採用されていると想定する。一人あたりGDP均等のケースは，2050年には途上国を含む世界全体で，一人あたりGDPが2005年時点の先進国平均に等しくなると想定する。結果は，表9.3のとおりである。

技術一定ケースの結果は次のとおり。2005年時点で，先進国は1ドルのGDPを生み出すのに388gの二酸化炭素を排出している。この技術が一定のまま，2050年には全世界で採用されているとしよう。一人あたりGDPに人口をかければGDP総額となるが，環境の技術革新がない場合，世界GDPは46.1兆ドルから21.2兆ドルへ半分以下に減少する。マイナス成長とは両立できない資本制は崩壊するのである。

各国の一人あたりGDPを先進国並みに均等化させるケースの結果は次のとおり。2005年時点で，先進国と途上国の一人あたりGDP（生活水準）には約8倍の開きがある。2050年には途上国の生活水準が2005年時点の先進国平均に

等しくなるとしよう。これは，一部の国が他の多くの国ぐにを収奪する体制ではなく，世界全体で豊かさを追求する政治・経済システムが実現していることを意味する。そのとき，世界 GDP は7.4倍の239兆ドルへと増大する。そのためには，先進国の2005年の環境技術は388g/ドルから35g/ドルへと約11分の1へと高まり，それが世界全体で採用されていなければならない。この目標は簡単ではないが，そうでなければ世界は破滅するのである。

4.2 環境技術の現状と未来

ここでは，成長のカギを握る環境技術の実際についてみてみよう。エネルギー部門は最大の二酸化炭素排出源であるが，この部門ではエネルギー効率や流通効率の改善が進んでいる。化石燃料依存型から脱却してガスへの転換や，水力，太陽光，風力，地熱，バイオエネルギーといった再生可能エネルギーへシフトしつつある。将来的には，潮力，波力，地熱発電などの，より先進的な再生可能エネルギーの利用が望まれている。また CCS（Carbon Capture and Sequestration：炭素回収貯留）も注目されている。現在，世界の二酸化炭素の約6割は火力発電所から排出されているが，CCS はこうした大規模な排出源で発生する二酸化炭素を，他のガスから分離・回収し，安定した地層に貯留したり，海洋に隔離したりする技術である。

運輸部門では，低燃費車やハイブリッド車の普及が進んでいる。また，バイオ燃料を用いた車両も開発されている。道路輸送から鉄道や公共輸送システムへのシフトも大事である。自転車や徒歩といった動力に依存しない移動も重要である。これらを実現するには，土地利用計画と交通計画の統合が必要となる。将来の技術は，より強力なバッテリーによる電気自動車やハイブリッド車，より省エネな航空機等の開発が期待されている。

建築部門では，省エネタイプの照明，電気器具，冷暖房設備，調理用過熱器具等の普及が進んでいる。二酸化炭素以外の温室効果ガスであるフロン類については，代替冷媒の導入やフロン類の回収および再利用が進んでいる。将来の技術として，省エネのためのフィードバックや制御機能を持つ商業用ビルの設計，建物内への太陽光発電の導入などが検討されている。

産業部門では，廃熱・未利用電力の回収や，原材料の再利用および代替品の

活用が進んでいる．将来の技術としては，先進的な省エネ，セメント工業・アンモニア工業・鉄鋼業におけるCCSが期待されている．

農業部門では，土中の炭素貯留量を増加させるような耕作や放牧地の管理方法の改善が進んでいる．泥炭地や劣化した土壌の修復もおこなわれている．また，米作技術や畜産方法の改良によってメタン排出量の削減が進んでいる．窒素肥料の利用方法の改善による一酸化二窒素の削減も進んでいる．化石燃料を代替するエネルギー作物も開発されている．

林業や森林部門では，森林破壊の制御や，新規（再）植林など，適切な森林管理が進められようとしている．また，伐採後の木材製品の管理や，木材製品のエネルギー利用（木質バイオマス）も進んでいる．将来の技術としては，樹種をバイオマスに適した品種に改良すること，炭素吸収量の大きな樹木への改良などがある．

廃棄物部門では，埋立地から発生するメタンガスの回収や，廃棄物焼却にともなうエネルギー回収が進んでいる．また，廃棄物の再利用・最小化や，有機廃棄物の堆肥化等が進んでいる．将来の技術としては，メタンを最適に酸化させるバイオカバーおよびバイオフィルターの開発などがある．

4.3 環境が成長戦略になる

UNEPなどによれば，世界における環境産業の市場規模は2006年の1.37兆ドルから2020年には2.74兆ドルに倍増すると見込まれている．世界各国が環境を国の成長戦略の重要な柱として位置づけはじめている．

アメリカやドイツは2050年までに二酸化炭素排出量を80％削減するという中長期目標を掲げている．アメリカは，2009年にオバマ政権になってから，「グリーン・ニューディール」とよばれる一連の政策を発表した．10年間でクリーンエネルギーに1500億ドルを投資し，500万人の雇用を生み出す国家戦略を立てたのである．ドイツは，すでに自然エネルギー関連で25万人の雇用を創出しており，2020年までには自動車産業を超える90万人に達する見込みである．イギリスは，1000億ポンドを投資して風力発電機を7000基建設し，16万人の雇用確保をめざしている．フランスでも法律で環境分野の雇用創出を決めている．

環境省によれば，2008年度の日本の環境産業の市場規模は約75兆円，雇用規

模は約176万人と推計されている。政府は未来開拓戦略（2009）において，日本は国費で1兆6000億円，事業費で2兆2000億円を投じて，太陽光発電・省エネ世界一プラン，再生可能エネルギーの比率を2020年に20％にすると宣言した。日本にとっての強みは，世界最高水準の技術力である。OECDの統計では，日本の環境技術の特許願は，アメリカとほぼ同じ件数であり，世界1, 2位を争うトップシェアである。日本の環境分野の研究費も，この10年で約3倍に伸びている。

　国立環境研究所（2010）によれば，日本は二酸化炭素排出量を70％削減することが可能であり，そのとき必要となる投資はGDPの1％程度と試算されている[14]。企業にとっての環境への投資は，環境制約がない場合とある場合とでは逆の意味をもつ。環境制約がなければ，環境への支出は利潤を減らすコスト要因でしかない。しかし，環境制約がある場合は，それは新たな利潤を生み出す源泉となるのである。日本は環境・エネルギー技術の開発投資をおこない，その技術を世界に向けて「輸出」することが大切である。特に一人あたり二酸化炭素排出量の多い途上国への技術「輸出」が大事である。21世紀において，日本の成長・発展のカギを握っているのは環境への投資なのである。

5　環境問題の解決に向けて

　資本制経済は成長なしには維持できない。そして，環境問題はその成長にとって大きな制約である。近年，環境問題はますます深刻化しており，成長に対する制約も強まっている。1997年，国際社会は京都議定書という大きな国際ルールを獲得した。しかし，その後も二酸化炭素の排出は続き，約束期間までに世界全体で二酸化炭素の削減目標を達成することが困難となっている。現在，「ポスト京都議定書」に向けて交渉が進められているが，複雑な利害対立があって合意にいたらない。地球は一つであるが，世界は一つになっていないところに，問題解決の難しさがある。

---

14)　この数字は，わが国の防衛費を環境投資に振り替えれば不可能ではない。戦争は最大の環境破壊である。政治・経済のグローバル化が進めば，世界中の軍事費が不要になることが期待される。

市場メカニズムを利用した排出量取引が始まったが，その成果が明らかなるのはまだ先のことである。経済主体が価格に反応しない場合は，直接規制も必要となる。環境制約が強まる中で成長を実現しようとすれば，成長の上限を押し上げる必要がある。そのためには技術革新が大事である。日本は，環境技術に関して他国に対する競争優位をもつ。企業は，環境技術への投資をコストとしてとらえるのではなく，新しいビジネスチャンスとしてとらえることが必要である。環境技術の開発投資を積極的におこない，それを「輸出」することが大切なのである。特に，一人あたり排出量の多い途上国への技術「輸出」が大事である。

アメリカと中国は世界の二大排出大国である。アメリカは，国際ルールからは逃げるが，ビジネスチャンスは逃さない。京都議定書を拒絶する一方で，環境を国家戦略の柱にすえる態度が，それを表している。中国は，2007年にアメリカを抜いて世界一の排出大国となった。しかし，過去の排出量を理由に，「温暖化の原因は先進国にある」として，自国に対する削減目標の受け入れを拒否し続けている。この二国および削減義務のないロシアとインドの計4ヵ国で，世界の排出量の半分以上に達する。これらの国が，削減義務のある国際ルールに参加しなければ，世界全体の排出量を半分に抑えることなどできない。環境の世紀が大国に求めるのは，覇権争いではなく，国際協調の牽引役になることである。政治・経済のグローバル化とは，覇権・収奪型ではなく，協調・共生型でなくてはならない。

参考文献

IPCC編（文部科学省・経済産業省・気象庁・環境省）(2009)『IPCC 地球温暖化第四次レポート気候変動2007』中央法規出版（http://www.ipcc.ch）。
環境経済・政策学会編 (2010)『地球温暖化防止の国際的枠組み』東洋経済新報社。
環境経済・政策学会編 (2006)『環境経済・政策学の基礎知識』有斐閣。
環境省編 (2010)『環境白書：循環型社会／生物多様性白書（平成22年版）』日経印刷。
友野哲彦 (2010)『環境保全と地域経済の数量分析』兵庫県立大学政策科学研究所。
日本環境会議編 (2006)『アジア環境白書 2006/07』東洋経済新報社。
森田恒幸・天野明弘編 (2002)『地球環境問題とグローバルコミュニティ』岩波書店。

（友野哲彦）

終章 アメリカン・グローバリズムの展開

　グローバル経済とは地球連邦成立のもとでの経済システムであり，現在はそれへの過度期，すなわち経済のグローバル化である。そして，現在のグローバル化はアメリカン・グローバリズムであり，それはアメリカの恒常的な貿易赤字に基礎をおいている。そのことによって，アメリカは世界から財とサービスを調達・収奪し，アメリカ以外の国は貿易黒字による利潤を獲得しているのである（第1,2章参照）。

　それでは，この体制は持続できるのであろうか。この問題はすでにこれまでの各章でとりあげられてきた。この章では，これまでの分析結果をふまえ，かつ十分に検討されなかった点を補足する。とりあげる問題は次の点である。

　第1に，アメリカン・グローバリズムが展開していく中で，それを崩壊させるような矛盾が出てこないか。

　第2に，アメリカン・グローバリズムの展開の中で日本はどのようになってきたのか，これからどのような方向性があるのだろうか。

　第3に，アメリカン・グローバリズムに代わるシステムが生まれるだろうか。生まれるにせよ，生まれないにせよ，アメリカン・グローバリズムによってつくりだされた矛盾，特に人類の存亡にかかわる問題について解決する努力が求められる。どの方向に世界は進んでいくのだろうか。

1　アメリカン・グローバリズムの矛盾

揺らぐドルの信認と金融の暴走

　アメリカン・グローバリズムはアメリカの貿易赤字に基礎をおいたシステムである。貿易赤字は，①ドルが国際通貨として信任されていること，②資本収支黒字で貿易赤字をカバーしていることによって持続されている（第3章参照）。

　貿易赤字はドル価値を低下させようとする。貿易赤字を資本収支の黒字によってカバーするためには，ドル資産が高収益であること，ドル価値が維持さ

れていることが必要である。ドル価値の維持は貿易赤字を拡大する。貿易赤字が拡大していくのであるから，資本収支黒字も拡大し続けねばならない。このように貿易赤字→資本収支黒字→貿易赤字という悪循環が生じるのである。

　この矛盾はアメリカへの資金投入・資金還流が持続される限り表面化しないが，それを表面化させる金融の暴走が生じる（第5章参照）。すなわち，金融の暴走によって周期的にバブルの発生と消滅が生じ，矛盾が表面化するのである。この点についてさらに述べよう。

　金融経済の本来の役割は実体経済において資金循環が円滑におこなわれるように，資金に余裕のある部門から資金不足の部門に資金を融通することにある。ところが，アメリカは貿易赤字決済に必要以上の資金を集め，それを世界的に運用し高収益を上げてきた。その収益をアメリカ内外の投資家に配分してきたのである。実体経済からかけ離れて金融経済の自己運動が生じたのである。これはハイリスク・ハイリターンのマネーゲームをもたらし，アメリカは金融立国に活路を見出そうとしたのである。このように金融の自己運動と暴走が生じ，バブルが発生したが，バブルは必ず崩壊するのである。

アメリカ経済の脆弱性

　貿易赤字による世界からの財とサービスの調達をおこなう中で，アメリカの経済力，物財などの付加価値生産力が低下している。アメリカのGDPが世界のGDPに占める割合は，1960年には38.5％であったが，2009年には24.5％に低下したのである（世界銀行データ）。現在でも宇宙や軍事などの先端産業や農業においては世界トップの座を譲っていないが，製造業部門においてはすでに遅れをとっている。これは他国からの収奪と資金運用による利潤追求に基本路線をおいたことの結果であった。

　アメリカの貿易赤字は今後も持続される。アメリカ経済の赤字体質，アメリカ以外の国のアメリカへの貿易黒字，その貿易黒字の分配競争によって現在の世界経済は成り立っている[1]。脆弱化するアメリカ経済に依存する世界資本主

---

1) 2008年のアメリカの貿易赤字は約7300億ドル，同年の中国の貿易黒字は3500億ドル，中国の対米貿易黒字は2000億ドルであった。アメリカの貿易赤字の多くを中国が得ているのである（第2章，表2.2）。

義経済体制は根本的な弱みを持っているのである。

貧困問題

　世界のあらゆる国で貧困問題が深刻化している。アメリカはどうか。貿易赤字は，一方では国内生産以上の需要充足という側面とともに，他方では，国内生産能力を十分に稼働せずに外国の生産物に依存するという腐敗的な側面を持っている。貿易赤字を減らし国内生産に代替すれば失業は減少したにもかかわらず，アメリカは赤字を持続してきた。その結果，失業率は10％ほどになり，国内勤労者の不満が大きくなっているのである[2]。国内の失業問題を外国人労働者のせいにしたり，日本や中国がアメリカに輸出するからアメリカは赤字になるのだ，といったりして責任を逃れようとしているが，その詭弁がいつまでも続くわけがない。国内矛盾は激化しているのである。

　先進国はどうか。企業の多国籍化によって経済空洞化が進み，経済成長率は低下し，失業率は上昇している。さらに，経済のグローバル化によって労働市場は国際的に拡大された。途上国の劣悪な労働条件と労働基準が先進国に影響をおよぼし，先進国勤労者の労働条件は悪化している（第8章参照）。

　先進国の多くは財政赤字に陥っており，財政再建を理由に社会保障が削減されている。また，法人税率引下げにみられるように企業への優遇政策が実行され，財源対策として逆累進性の強い一般消費税引上げなど庶民への負担が重くなっている（第7章参照）。

　途上国はどうか。高成長を続ける新興国において所得は増えているが，成長の成果が平等に配分されているわけではない。高成長の恩恵を受ける者と，わずかしか受けない者との間に所得と資産の格差が拡大している。

　途上国の多くはいまだ成長の恩恵を受けずに極貧の生活を余儀なくされている。また，彼らの伝統的な生活慣習が市場化のなかで破壊されつつある。

　このような貧困問題は新自由主義の思想によって激しさを増している。新自由主義はアメリカン・グローバリズムを支えている思想であり，競争と市場調

---

[2] Piketty and Saez (2006) "The Evolution of Top Incomes: A Historical and International Perspective" によると，アメリカのトップ0.1％の所得シェアは7.4％である。

整力を絶対視し，拝金主義をあおっている。強い者が思い切り活動すれば未来を切り開くことができる，競争から落ちこぼれる弱者は無能のゆえであり，やむをえない，と主張した。その結果，所得と資産をめぐる分配闘争が激化し，格差が拡大したのである。

企業と国家，国家間の矛盾

　経済力が発展する中でグローバル化は進んでいく。そして，企業の行動は国境を越えて進んでいく。企業活動は国家の枠を破ろうとする。しかし，現在，いまだ国家は存在している。国の枠は否定できない。ここから，多国籍企業と国家の間に，また国家間に矛盾が生じる（第4章参照）。どのような矛盾が生じるのか。

　第1に，投資国との矛盾である。多国籍企業は世界に利潤を求めて行動する。儲かるところに進出する。その結果，投資国（母国）は経済空洞化に陥り，経済の停滞をこうむることになる。国際競争力低下による貿易収支の悪化，失業の増加などである。

　第2に，受入国との矛盾である。多国籍企業は世界に高成長の「新興国」をつくりだしている。多国籍企業は外国で得た利潤を母国に送還するとは限らない。高利潤の国に投資する。それが高成長国をつくりだすのである。その限りにおいて受入国は多国籍企業を歓迎する。しかし，受入国と多国籍企業の利害関係はいつも一致しているわけではない。両者の利害が対立したときどうなるか。人口や政治・経済力の弱い国の場合，多国籍企業によって国の自主性を奪われるかもしれない。

　第3に，国家間の対立は後を絶たない。資源問題に端を発する領土問題，環境問題にみられる利害対立がある。アメリカ的文化となじまない国や民族がある。これらの対立はグローバル化によって深刻なものになっている。そして，この国家間の対立の中に多国籍企業が介在するケースが多いのである。

　第4に，グローバル化によって世界の同質化が進むのではないか，それぞれの国や民族が持っている固有の文化や歴史や慣習がつぶされるのではないかという懸念がある。少数（民族や思想）勢力がグローバル化のなかで抹殺される危険性がある。

成長は可能か

　資本制経済の存続のためには高成長国の存在が不可欠である。これまで，ドイツ（旧西ドイツ），日本，NIES，ASEAN，BRICs という流れで高成長国が生まれてきた（第6章参照）。

　そのなかで特徴的なことは，第1に，特定国が永遠に高成長を続けるのではなく，高成長国は中成長，低成長へと変じていくこと，そして新しい新興国が次つぎと生まれてきたことである。この新興国の誕生には多国籍企業が大きな力を与えてきた。

　第2に，アメリカの経済力は低下しているが，依然としてトップの座を守っていること，第2位の経済国は移り変わっていることである。

　これからも新興国が続出するのかどうか。そこに資本制経済の運命がかかっているのである。

人類の存続問題

　現在，環境問題はグローバル化している（第9章参照）。この問題はもはや一国レベルで解決することはできない。すべての国の共同事業になっている。しかし，各国は利害が対立し，環境問題の解決に対して「総論賛成，各論反対ないしは保留」の状態であり，遅々として進んでいない。むしろ深刻さを増している。

　技術水準一定のもとでは，環境問題と経済成長とは二律背反にある。環境問題を解決しようとすれば成長は抑制されねばならず，成長を求めれば環境破壊が深刻化するのである。この解決のためには技術革新が不可欠であるが，実現するだろうか。コストを理由に導入されない恐れもある。

　さらに希少な資源の争奪をめぐって領土問題などの争いが後を絶たない。これまで資源問題を契機に戦争が生じてきた。今日，全面的な戦争は人類の破滅に連なる。全面的でなくとも戦争や紛争は生活基盤を破壊する。核兵器の使用は人類破滅への道である。

2　グローバル化と日本

長期不況

　1990年代以降，日本経済は長期不況に陥っている。90年代の成長率は約1％，2000年代には1％以下の成長率に落ち込んでいる。この長期不況の根本的な原因は，日本の現在と未来に期待の持てない企業が生産拠点を外国にシフトさせ国内設備投資を怠っていることにある。その結果，貿易黒字は傾向的に低下し，失業率は上昇し，中小企業は経営困難になっているのである。

　1998年以降，構造改革がおこなわれたが，そのころから日本経済は大きく変貌した。まず，労働市場において非正規雇用が増えた。全勤労者の三人に一人，若者の二人に一人が非正規雇用である。また，自殺者は1997年の2万4千人から98年に3万3千人に急増し，その後も3万人台である。

　さらに，長期不況にありながら企業は利益を上げ続け，利潤獲得の新記録を更新し続けたのである。そして，企業部門は資金の余剰部門に転じた。通常，企業は資金不足部門であるが，日本の企業は資金余剰なのである。なぜカネ余りになったのかといえば，利潤は増え続けるが，それに見合うだけの設備投資をしなかったからである。

　不況を脱却するために，「新成長戦略」が打ち出されているが，設備投資意欲（アニマル・スピリット）の弱い企業に期待できるだろうか。彼らは外国に投資するか，マネーゲームに活路を見出そうとしているのである。将来展望を明示しない限り，10％はおろか2～3％の経済成長も困難である。現状ではゼロ成長に近いのである。

格差拡大と貧困化

　長期不況の中で所得格差は拡大してきた。表10.1から次のことがわかる。第1に，年収400万円以下の層が急増している。すなわち，1997年の30.6％が2006年には39.3％に増えている。400万円以下の層の中でも，非正規雇用の増加とともに年収200万円以下の層の増加が顕著である。第2に，中間層が減少している。例えば，年収400万円から年収800万円までの層は51.8％から45.8％

表10.1　給与所得者の所得分布構造（男性）　　（単位：％）

	1997年	2001年	2006年
200万以下	6.8	6.9	9.6
400万以下	23.8（ 30.6）	27.5（ 34.4）	29.7（ 39.3）
800万以下	51.8（ 82.4）	49.6（ 84.0）	45.8（ 85.1）
1000万以下	9.2（ 91.6）	8.3（ 92.3）	7.4（ 92.5）
2000万以下	8.2（ 99.8）	7.3（ 99.6）	6.8（ 99.3）
2000万超	0.5（100.3）	0.6（100.2）	0.7（100.0）

出所：国税庁「民間給与実態統計調査結果」。
注：括弧内の数値は累積値である。

に減少しているのである。第3に，2000万円以上の所得層は微増している[3]。

　格差拡大は以前にもあった。例えば高度経済成長初期がそうである。しかし，そのときの格差拡大は低所得層の所得も増えるが，それ以上に高所得層の所得が増えるという格差拡大であった。低所得層も所得が年々増えるので，なんとなく将来への夢を持っていたのである。しかし，現在は違う。低所得層が貧困化するなかでの格差拡大である。夢がなくなっているのである。

　なぜこのような貧困化をともなう格差拡大が生じたのか。それは勤労者の賃金を引き下げたからである。若者の失業率は高く，職があっても非正規雇用である。また，これまでの日本を支えていた中流勤労層の賃金も下がっている。このような状況は長期不況，すなわちほとんどパイが増えないなかでの競争激化から生じたのである。

　それだけではない。労働組合の力の低下が賃金を押し下げたのである。さらに，第8章で述べたように，経済のグローバル化によって労働市場が国際化され，途上国の低賃金などの劣悪な労働条件が賃下げ圧力になっているのである。

安全・安心の経済社会

　日本は成長率の高さだけに豊かさの指標を見る必要はない。ある段階まで経済が発展すれば，成長率は低下するものである。経済構造を成長・利潤重視か

---

[3]　これまで日本の経営者の給与は欧米諸国と比べて少なかったが，外資系企業や外国人経営者が増えるにつれて，トップ経営者の給与は欧米化している。

ら国民生活・消費重視に転換する必要がある。なぜか。

　1991年に長期不況に入って以降，奇妙なことが起こっている。成長率は1％以下に下がっているにもかかわらず，企業利潤率は上昇したのである。その原因は勤労者の賃金を抑えつけたからであった。企業は高収益を上げても，それを国内設備投資にまわさない。企業の内部留保が設備投資よりも大きくなり，企業は資金余剰部門に転じたのである。

　このような状況では，GDPや資産を国民生活のために，消費需要の拡大のために使ったほうが合理的である。というのは，企業の設備投資意欲が萎えているからである。投資減退はマイナスの乗数効果によって需要を減少させるので，消費需要増によって相殺しなければ所得は落ち込むのである。投資水準が一定のもとでは，消費率が高いほど所得を増やすことができるのである。

　今後，日本経済は低成長のなかで国民の生活をいかに安定させるか，どのようにすれば将来に希望を持てる世の中にできるかに知恵を絞ったほうがよい。この観点から重要なことを述べておこう。

　第1に，日本はものづくりを基本に国づくりをおこない世界トップ水準の経済力を持つにいたったのである。この根本を忘れてマネーゲームにうつつを抜かすようなことをしてはならない。日本はものづくりに基礎をおき，実体経済を重視する路線を進んでいかねばならない。その際，福祉や環境などの国民生活に関連ある分野を重視しなければならない。環境関連の技術開発と投資こそ未来の成長分野である。

　第2に，資金は有効に使わねばならない。カネの余っている大企業を儲けさせても，彼らは利益の多くを外国に投資するか，マネーゲームに使うかであり，国内生産基盤の拡充のために使わない。ここに根本的な問題がある。

　大企業が潤えば，中小企業や勤労者も潤う，という「したたり論」は破綻している。大企業の自主性に依存するのではなく，国民生活を安定させ将来に対する希望を持たせることによって消費需要を増やす方策を優先すべきである。それが企業の投資意欲を喚起することになる。

　第3に，国民生活の安定と向上のためには，福祉を充実させ将来に対する不安を取り除かねばならない。また，新しい領域にチャレンジしていく気概と夢と機会を若者に与えねばならない。高度経済成長期には，旺盛な消費需要が企

業の投資意欲を喚起したことを思い出すべきである[4]。

3　平等互恵，平和，人類存続のグローバリズム

　生産力の発展にともなってグローバル化は必然である。その流れを止めることはできない。現在のグローバル化はアメリカン・グローバリズムとして実現しているのであり，そこには既述のようないくつかの問題が生じている。しかし，それに代わるシステムはすぐには現れないであろう。アメリカン・グローバリズムの枠内で生じた矛盾を彌縫しつつ進んでいくことになるだろう。

　アメリカン・グローバリズムであれ，それを修正するシステムであれ，グローバル経済に向かう過度期の経済システムは，本章の第1節で述べた矛盾，特に人類の存亡にかかわる矛盾の解決に向かっていかなければならない。

ドルに代わる基軸通貨はあるか

　ドルの特権的な地位を認めてよいかどうかである。現在のアメリカン・グローバリズムの腐敗性は，ドルを基軸通貨にすることによってアメリカが恒常的な巨額の貿易赤字を続けていることにある。そして，アメリカの金融資本が暴走し周期的な金融危機をもたらしているのである。

　それでは，ドルに代わるものはあるのか。ユーロや円や人民元がドルに代わるとは思われない[5]。ヨーロッパ諸国が共通通貨をつくったように世界共通の通貨をつくりだせるだろうか。利害関係が複雑な現状において各国が同意するとは思われない。ドル建ての決済は少なくなるかもしれないが，依然としてドルの基軸通貨としての立場は，当面，揺るがないだろう。

　しかし，アメリカの巨額の貿易赤字をそのままにしておくわけにはいかない。

---

4)　所得水準が低いときには生産能力を拡大する成長政策が合理的であったが，所得水準が世界有数に達した状況においては，生産拡大のための生産拡大，つまり投資のための投資はできないし，非合理的である。

5)　ユーロはきわめて実験的である。一般に，国家権力を象徴するものとして，徴税権，貨幣発行権などがある。貨幣は国家権力の象徴である。その貨幣をヨーロッパ地域で共通化したのがユーロであり，それは部分的な国家権力の廃絶といえよう。このような地域通貨統合などが世界的にできあがっていくであろう。

アメリカが国内の実体経済力を再建し，貿易赤字を少なくすることが必要である。それは高失業に悩むアメリカ国民にとって有益である。その際，アメリカに依存して貿易黒字で利益を上げるというやり方は成り立たなくなる。

貧困と格差拡大をなくせるか

　現在，世界各国において賃金などの労働条件や労働基準は異なっている。このもとでグローバル化が進み労働市場の国際化が進むと，途上国の劣悪な労働条件が先進国に影響をおよぼし，先進国勤労者の労働条件が悪化する。勤労者の生活を安定させるためには，勤労者の国際的な連帯が不可欠であるとともに，労働基準の国際的なルール設定が不可欠である。途上国の労働条件を引き上げなければならない。

　財源を確保し福祉を充実しなければならない。それが将来の安心感と希望を与えるのであり，活力を生み出すのである。租税制度に関しても国際的なルールが必要になる。というのは，現在，企業誘致をめぐって法人税率の切下げなどの企業誘致競争が激化しているからである。これを放置すれば，法人税率は限りなく低下してしまう。その結果，福祉水準の切下げや他の税率（一般消費税率など）引上げがおこなわれ，人びとの生活を悪化させるのである。

　現在でも食糧や水不足などで多数の人が亡くなっている。十分な教育を受けられない子どもたちがいる。先進国や新興国は，自国の利権拡大のためではなく，人道の立場から貧しい国や地域を援助しなければならない。それらの国の経済発展のために貢献する必要がある。

国や民族が持つ固有の文化・歴史・慣習はどうなるか

　グローバル化は一方においては同質化を進めるだろうが，国や民族の固有の文化や歴史を覆すものであってはならない。同質を強制するグローバリズムは，かえって対立と混乱をもたらす。過度な同質性と同方向運動はブレーキの効かない一方的暴走に陥りかねない。人類を破滅させかねないのである。

　それぞれの固有の文化や歴史を尊重しなければならない。グローバル化のなかで多様性を尊重しあわねばならない。多様性は内容を豊かにし，一方的な暴走を阻止する。人類の存続に有益である。

多様性に関して次の2点が大事である。まず共生である。これは異なるものがお互いを尊重しながら共存をはかることである。違いの認識と相互理解こそがグローバル化の大前提である。次に、「和」も大事である。「和」は異なるものがお互いに共存するだけではなく、お互いの長所を取り入れていくこと、滲みあうことを意味している。

共生と和を踏みにじるグローバル化は人びとの共感を得られない。グローバル化を拙劣に急いではならない。相互理解の努力とともに理解には時間がかかることを認めるべきである。

人類存続の課題を解決できるか

環境問題の解決のためには世界の協調が必要である。現在、各国間の対立は歴然と存在するが、それを解決するためには、多国間、世界レベルでの話し合いと交渉、環境保全のための行動が実行されなければならない。環境問題はまさにグローバルな問題であり、グローバルな対策なしに解決できない。

戦争と紛争をなくさねばならない。戦争は最大の破壊である。人類を破滅させかねない。国家間の利害対立が厳しく残っている限り、戦争や紛争をなくすことは難しいが、現在、戦争は搾取・収奪、儲けの手段でなくなってきているのである[6]。非核地域、非戦争地域を速やかに多くの地域でつくりあげねばならない。

グローバル経済は国家のない地球経済である。生産力の発展とともにグローバル化は進む。それがアメリカン・グローバリズムというシステムとして成立しているところに現在の諸矛盾の根源がある。それを変革しつつグローバル経済の方向に歴史は進んでいくだろう。しかし、その成立までには幾多の困難があり、かなりの時間が必要である。これまでの人類の歴史には戦争と搾取・収奪の側面もあったが、他方では、困難の克服の歴史であり、生活の改善と人権拡大の歴史であった。人類存続のために戦争をなくそう、核兵器を廃止しよう、

---

6) かつて、戦争の勝者は敗者から財・サービス、労働力、資金を収奪したが、現在、「勝者」にとっても戦争は破壊であり、巨額の乱費である。ごく一部の「死の商人」のみが利益を得るのである。

環境問題を解決しようという国際世論が強くなっている。その方向にグローバル化は進まねばならない。その際，教育を充実させ，人間がこれまでに築き上げてきた平和・人権・幸福の思想・知識を踏襲し，それを発展させていくことが肝要である[7]。

(菊本義治)

---

[7] 日本国憲法は平和・人権・幸福を宣言した画期的なものであり，世界において同調・実現されることが望まれる。

索　引

A〜Z

ABS（資産担保証券）　106, 112, 114
ASEAN（アセアン：東南アジア諸国連合）　29, 42, 44, 61, 85, 91, 94, 119, 121, 123, 125, 126, 127, 128, 130, 132, 134, 135, 197
BRICs　103, 130, 197
CCS（炭素回収貯留）　189, 190
CDO（債務担保証券）　106, 112, 113, 114
CDS（クレジット・デフォルト・スワップ）　106, 107, 113
CLO（ローン担保証券）　109, 111, 114
COP（気候変動枠組条約締結国会議）　181, 183, 184, 185
EEC（欧州経済共同体）　89
EU（欧州連合）　38, 39, 40, 85, 90, 91, 94, 164, 167, 179, 181, 183, 185, 186
GATT（ガット：関税および貿易に関する一般協定）　46
ILO（国際労働機関）　161
IMF（国際通貨基金）　42, 46, 64, 80, 81, 115
IPCC（気候変動に関する政府間パネル）　175, 176, 179, 180, 185
JETRO（日本貿易振興機構）　37, 162
LBO（レバレッジド・バイアウト）　109, 111
M&A（合併と買収）　76, 90, 91, 94, 109, 111, 114
NAFTA（北米自由貿易協定）　37, 38, 39, 85, 94, 120, 121
NIES（ニーズ：新興工業経済地域）　29, 42, 85, 91, 119, 121, 123, 126, 127, 128, 129, 130, 132, 134, 135, 197
OECD（経済協力開発機構）　148, 154, 155, 169, 191
RMBS（住宅モーゲージ担保証券）　112, 113, 114
UNEP（国連環境計画）　179, 180, 190
WMO（世界気象機関）　180

あ行

IMF協定　64
ITバブル　50, 51, 66, 72, 82, 91, 111, 120
アクティベーション　150
アジア通貨危機　65, 111, 123, 126, 132, 135
いざなぎ景気　122
移民　161
岩戸景気　122
英仏通商条約　54
円キャリートレード　112
オイル・ショック　121, 122, 132
オイル・マネー　26, 64, 70
オフショア市場　100
温室効果ガス　176, 177, 181, 184, 189
温暖化問題　175, 180, 181, 184

か行

海外子会社　76
海外生産比率　86
外貨準備　22, 44, 60, 61, 62, 65, 74
外国為替市場介入　60
外国為替取引　58, 59
外国人労働者　31, 32, 195
格差　179, 195, 196, 198, 199
格付会社　113
核兵器　197, 203
家計可処分所得　153, 154, 155
家計貯蓄（率）　52, 117, 153, 154
ガット＝IMF体制　46

貨幣資本　104, 105, 107
為替減価率　72, 73
為替リスク　24, 46, 60, 61, 63, 72, 92
環境技術　171, 172, 174, 187, 188, 189, 191, 192
環境クズネッツ曲線　172
環境産業　190
環境制約　171, 173, 174, 187, 191, 192
環境問題　3, 4, 5, 18, 19, 32, 171, 173, 174, 179, 191, 196, 197, 203, 204
漢江の奇跡　123
関税障壁　89
企業内分業　26
企業の多国籍化　16, 46, 75, 76, 89, 119, 153, 159, 160, 161, 167, 171, 195
基軸通貨　46, 59, 143, 201
技術革新　171, 172, 174, 186, 188, 192, 197
基礎的財政収支　141, 142
逆プラザ合意　73
逆輸入（効果）　85, 87, 92
逆累進課税　31
キャップ・アンド・トレード　185
共生　33, 192, 203
共同実施　184
京都議定書　178, 180, 181, 182, 183, 184, 191, 192
京都メカニズム　184
キャピタル・ゲイン　18, 73, 97, 98, 99, 105, 108
均等待遇　165
金融資本　104, 105, 106, 107, 108, 115, 201
金融自由化　65, 73, 106
金融仲介立国　99, 100
金融のグローバル化　65
金融の国際化　65
金融の肥大化　97, 102, 103
金融の暴走　18, 28, 97, 109, 114, 194
金利格差　70, 72, 108
組合密度　160, 169
クリーン開発メカニズム　184

グリーン・ニューディール　190
グリーンフィールド投資　76, 89, 90, 91, 93-94
クリントノミクス　50
グローバル・インバランス　42, 44, 74
グロス取引　67, 68, 69, 102
軍事費　20, 48
経営資源　87
経営支配　80, 87
経済特別区　129
経済の金融化　16, 97, 102, 104, 107, 108, 109, 111
経済余剰　19, 34, 35, 51, 153
ケインズ　165
限界削減費用　185
現地法人　86, 88
公害　171, 172
高成長国　4, 18, 28, 29, 32, 93, 196, 197
交通・情報通信技術　16
国際競争力　50, 73, 85, 86, 91, 92, 94, 124, 126, 144, 196
国際経済秩序　46
国際決済　57, 58, 59, 60
国際収支表　68
国際通貨　3, 4, 18, 20, 21, 53, 59, 60, 62, 63, 98, 107, 193
国際通貨体制　21, 63
国際流動性　59, 60, 62, 98, 114
国内生産　3, 4, 40, 85, 92, 195, 200
国民所得倍増計画　122
穀物法　54
国連人間環境会議　179
誤差脱漏　65, 66
固定効果モデル　169, 170
雇用者報酬　155, 156, 157, 161
コルレス契約　58

さ行

歳出　31, 50, 142, 147

再生可能エネルギー　189, 191
財政収支　47, 50, 51, 141, 142
財政政策　139, 141, 165
最低賃金　166, 167, 168
歳入　50, 142
債務　28, 42, 57, 63, 97, 98, 106, 109, 139, 140, 141, 142, 144
先物取引　111
サブプライム層　112
サブプライムローン　27, 114
産業革命　54, 171, 174, 177, 179
産業空洞化　85, 86, 87
産業資本　104, 105, 107
三種の神器　122
三パ景気　122
市場経済化　16
市場メカニズム　66, 74, 165, 184, 186, 192
自然循環システム　171
自然変革能力　32
失業率　21, 32, 115, 159, 160, 166, 169, 195, 198, 199
実効税率　144
実質賃金率　156, 157, 158, 159, 160, 161, 163, 164, 167
実体経済　4, 27, 102, 103, 104, 107, 108, 109, 114, 115, 200, 202
資本制（主義）　4, 18, 20, 28, 29, 32, 33, 46, 54, 104, 105, 107, 118, 171, 173, 188, 191, 197
社会支出　148
社会保険料　145, 146, 148
社会保障費　139, 141, 146, 148, 150
社会保障負担　148
収奪　3, 15, 20, 189, 192, 193, 194, 203
自由貿易地域　127
純債務残高　140
証券化ビジネス　106, 107, 114
消費（課）税　31, 146, 147, 195, 202
昭和40年不況　122

人権　167, 203, 204
人口の原理　174
新自由主義　195
信認　20, 21, 30, 63, 92, 118, 143
神武景気　122, 132
信用危機　114
信用リスク　61, 72, 105, 106, 112
生活の改善　203
生活保障　148, 149
生産関係　16
生産拠点　30, 32, 46, 117, 134, 162, 198
生産決定権　20
成長規模指数　133, 134, 135
成長の限界　174
成長のセンター　93
世界貨幣　15, 57
世界金融システム　97, 98, 100
世界同時不況　3, 4, 28, 114
世界連邦　3, 15, 193
石油輸出国　42, 85
積極的労働市場政策　149–150
ゼロ金利政策　24
戦争　50, 122, 125, 197, 203
租税負担　30, 146, 148

た行

対外開放政策　129
対外純負債　141, 142, 143
タックスヘブン　70, 100
脱工業化　85
多様性　202, 203
炭素回収貯留　189
小さな政府　48, 50
地球環境問題　179
長期債務残高　139
長期失業者　115
朝鮮戦争ブーム　122
賃金シェア　155, 156, 157, 161

デフォルト　30, 61, 65, 106, 141, 142, 143
デリバティブ　24, 73, 106, 107, 108, 111
東京オリンピック　122
投資乗数効果　118
投資促進法　127
投資率　40
特権　18, 20, 53, 57, 62, 201
ドル不安　48
ドル・ペッグ制　61
トレードオフ　171, 172

な行

南巡講話　16
ニクソン・ショック　46, 64
ニュー・エコノミー　66, 111

は行

拝金主義　196
排出量取引　184, 185, 186, 192
ハイブリッド車　189
バブル　28, 107, 108, 111, 112, 114, 122, 134, 194
批准国　182, 183
非正規雇用　31, 165, 198, 199
貧困　165, 166, 168, 179, 181, 195, 199
福祉　141, 149, 200, 202
双子の赤字　48, 92, 93, 94, 118, 144
ブッシュ　50, 51, 182
プラザ合意　48, 89, 126, 127
ヘッジファンド　24, 73, 101, 106, 111, 112, 113
貿易乗数効果　119, 135
貿易摩擦　42, 123
ポーター仮説　172
保護関税　126

ま行

マネーゲーム　24, 194, 198, 200

マルクス　33, 34, 35
マルタ会談　50
矛盾　4, 105, 107, 193, 194, 195, 196, 201, 203
ものづくり　108, 200

や行

約束期間　181, 183, 191
ユーロ・ドル市場　64, 70, 100
輸出加工区　125, 130
輸出志向政策　123, 128
輸出代替効果　87
輸出誘発効果　87
輸入代替化政策　123, 126, 127, 128, 130
輸入転換効果　87

ら行

リーマン・ショック　114, 139
利害対立　182, 191, 196, 203
利潤決定　4, 19, 28, 171, 173
リスクプレミアム　72
立地選択　162, 167
流動性　67, 68, 105, 106, 113, 114
両岸経済協力枠組み協定　125
ルック・イースト政策　127
冷戦　50
レーガノミックス　48, 120
労働組合　159, 160, 161, 164, 167, 199
労働政策　153, 164, 165, 167
労働生産性　150, 156, 157, 159, 160, 163, 164, 169

わ行

ワーキング・プア　165, 166, 168
ワーク・シェアリング　166

著者紹介　執筆順，(　)内は専攻，末尾太字は執筆章

菊本　義治（きくもと よしはる）　1941年生まれ，兵庫県立大学名誉教授（理論経済学）　第1章・終章
西山　博幸（にしやま ひろゆき）　1969年生まれ，兵庫県立大学経済学部教授（国際経済学）　第2章・第4章
伊藤　国彦（いとう くにひこ）　1961年生まれ，兵庫県立大学経済学部教授（国際金融論）　第3章・第5章
藤原　忠毅（ふじわら ただき）　1972年生まれ，大阪経済大学経済学部准教授（国際経済学）　第6章
齋藤　立滋（さいとう りゅうじ）　1972年生まれ，大阪産業大学経済学部准教授（社会保障論，福祉経済論）　第7章
山口　雅生（やまぐち まさお）　1976年生まれ，大阪経済大学経済学部准教授（マクロ経済学）　第8章
友野　哲彦（ともの あきひこ）　1966年生まれ，兵庫県立大学経済学部教授（環境経済学，地域経済論）　第9章

グローバル化経済の構図と矛盾
2011年4月1日　初　版
2012年4月1日　第2刷

著　者　菊本義治ほか
装幀者　加藤昌子
発行者　桜井　香
発行所　株式会社 桜井書店
　　　　東京都文京区本郷1丁目5-17　三洋ビル16
　　　　〒113-0033
　　　　電話　(03)5803-7353
　　　　Fax　(03)5803-7356
　　　　http://www.sakurai-shoten.com/
印刷所　株式会社 ミツワ
製本所　誠製本 株式会社

Ⓒ 2011 Yoshiharu Kikumoto, et al.

定価はカバー等に表示してあります。
本書の無断複写(コピー)は著作権法上
での例外を除き，禁じられています。
落丁本・乱丁本はお取り替えします。

ISBN978-4-921190-70-5　Printed in Japan

森岡孝二編
格差社会の構造
グローバル資本主義の断層
〈格差社会〉と〈グローバル化〉をキーワードに現代経済を読み解く
四六判・定価2700円＋税

古野高根著
20世紀末バブルはなぜ起こったか
日本経済の教訓
元金融マンが書いたバブル論
Ａ５判・定価3500円＋税

安藤　実編著
富裕者課税論
消費税の増税に反対し，富裕者課税を提唱する
四六判・定価2600円＋税

現代の景気循環論
第２版
理論的考察と数値解析にもとづいて景気循環の実態に迫る
Ａ５判・定価3500円＋税

一井　昭著
ポリティカル・エコノミー
『資本論』から現代へ
要点を簡潔にまとめた現代マルクス経済学テキスト
Ａ５判・定価2400円＋税

北村洋基著
現代社会経済学
マルクス『資本論』を大胆に現代化した経済学教科書
Ａ５判・定価2200円＋税

桜井書店
http://www.sakurai-shoten.com/

ロバート・パクストン著／瀬戸岡紘訳
ファシズムの解剖学
ファシズムとは何か？ ファシストとは誰か？ ファシズムは過去形で語れるか？
四六判・定価4500円＋税

B・テシィケ著／君塚直隆訳
近代国家体系の形成
ウェストファリアの神話
新たな近代世界史像を提示
A5判・定価5200円＋税

J・ローゼンバーグ著／渡辺雅男・渡辺景子訳
市民社会の帝国
近代世界システムの解明
近代世界システムにおける資本主義の意義を追究
A5判・定価4300円＋税

エスピン-アンデルセン著／渡辺雅男・渡辺景子訳
ポスト工業経済の社会的基礎
市場・福祉国家・家族の政治経済学
福祉国家の可能性とゆくえを世界視野で考察
A5判・定価4000円＋税

ドゥロネ＆ギャドレ著／渡辺雅男訳
サービス経済学説史
300年にわたる論争
経済の「サービス化」,「サービス社会」をどうみるか
四六判・定価2800円＋税

三宅忠和著
産業組織論の形成
産業組織論における独占・規制・規制緩和論の展開
A5判・定価3500円＋税

桜井書店
http://www.sakurai-shoten.com/

山田喜志夫著
現代経済の分析視角
マルクス経済学のエッセンス

マルクス経済学の徹底した分析力を具体的に提示
Ａ５判・定価3200円＋税

福田泰雄著
コーポレート・グローバリゼーションと地域主権

多国籍巨大企業による「市場と制度」統治の実態に迫る現代帝国主義論
Ａ５判・定価3400円＋税

森岡孝二著
強欲資本主義の時代とその終焉

労働と生活に視点をすえて現代資本主義の現代性と多面性を分析
四六判・定価2800円＋税

鶴田満彦著
グローバル資本主義と日本経済

2008年世界経済恐慌をどうみるか？ 理論的・実証的に分析する
四六判・定価2400円＋税

長島誠一著
エコロジカル・マルクス経済学

エコロジーの危機と21世紀型経済恐慌を経済学はどう解決するのか
Ａ５判・定価3200円＋税

ジョン・クランプ著／渡辺雅男・洪 哉信訳
日経連 もうひとつの戦後史

「闘う日経連」の異名をとった使用者団体の戦後史
四六判・定価2800円＋税

菊本義治ほか著
日本経済がわかる 経済学

新しいスタイルの経済学入門テキスト
Ａ５判・定価2800円＋税

桜井書店
http://www.sakurai-shoten.com/